体育经营管理理论

彭国芳　闫增印　著

北京工业大学出版社

图书在版编目（CIP）数据

体育经营管理理论 / 彭国芳，闫增印著 . — 北京 ：
北京工业大学出版社，2020.11（2021.10 重印）
ISBN 978-7-5639-7723-9

Ⅰ . ①体… Ⅱ . ①彭… ②闫… Ⅲ . ①体育经济学－
高等学校－教材 Ⅳ . ① C80-05

中国版本图书馆 CIP 数据核字（2020）第 220149 号

体育经营管理理论
TIYU JINGYING GUANLI LILUN

著　　者：彭国芳　闫增印
责任编辑：邓梅菡
封面设计：点墨轩阁
出版发行：北京工业大学出版社
　　　　　　（北京市朝阳区平乐园 100 号　邮编：100124）
　　　　　　010-67391722（传真）　bgdcbs@sina.com
经销单位：全国各地新华书店
承印单位：三河市嵩川印刷有限公司
开　　本：710 毫米 ×1000 毫米　1/16
印　　张：9
字　　数：180 千字
版　　次：2020 年 11 月第 1 版
印　　次：2021 年 10 月第 2 次印刷
标准书号：ISBN 978-7-5639-7723-9
定　　价：52.00 元

前　言

市场经济飞速发展的今天，体育产业作为市场经济的一部分，需要更多的关注。体育产业指"与体育运动相关的一切生产经营活动，包括体育物质产品和体育服务产品的生产、经营两大部分"。

体育经营管理人才是体育产业不可忽视的组成部分，体育产业的健康发展需要大量的既懂体育又懂经营管理的人才。要真正做大、做强中国的体育产业，体育经营管理人才就必须了解其中的奥妙，否则就不可能根据不同项目的特点开发出适合不同消费者群体的体育产品和服务。因此，高校各体育教育工作者有必要为中国体育产业化的发展培养经营和管理精英，储备专业人才，使其系统掌握体育经营的基本理论、基本知识，能够开展体育产品策划、熟悉体育营销规律，为从事体育产业经营管理奠定基础。

本书从体育经营管理基础理论入手，对体育经营管理 4C 分析，体育经营特征与经营风险及体育赛事风险，体育经营程序、经营思想、经营方针及营销创新，体育经营决策和经营战略，体育市场，体育场馆的经营管理，体育赛事的经营管理，以及休闲体育服务市场及经营管理等内容进行了详尽的研究与阐述。本书旨在为高校体育专业的大学生起到宏观指导的作用，通过理论与实例结合，将体育产业的现状深入浅出地呈现给学生，为高校体育专业的学生提供理论基础以及指导思想。本书希望能够帮助高校体育专业的学生掌握和运用体育经营管理 4C 分析法，对体育经营管理的策略、内容、方法以及思维有充分的认知和理解，进而能够熟练地将理论知识应用到实践当中，为体育产业培养出更多兼具全面性和专业性的体育人才。

笔者在撰写本书过程中始终坚持以实用和创新为指导思想，吸收体育经营管理学科研究的新成果，紧紧围绕体育领域的经营管理问题展开，务求实用。书中若有不完善之处，笔者愿意听取大家的意见，使其完善。

特别说明：

1.在撰写本书过程中，笔者参考使用了很多专家学者的成果作为参考文献，特向作者、出版者致以诚挚的谢意。

2.为了让读者能够更好地理解相关内容，书中引用了许多经典案例，这些案例的作者都已经标明，还有一部分案例没有找到明确的作者，对于这部分案例的作者表示感谢，希望得到其理解与支持。

目　录

第一章　体育经营管理基础理论

在学习本章之前，需要先了解关于市场分析的一些方法，第一，"五种力量分析法"，这种分析法最早是由西方一些管理学专家提出的，其中，五种力量包括进入威胁、替代威胁、买方的议价能力、供应方的议价能力和现有竞争对手的竞争。那么，经营单位在市场中的竞争优势如何体现呢？依据五种力量分析方法，经营单位在市场中的竞争优势可以在防御上体现出来。该分析法特别强调企业所处的外部环境。

第二，PEST 分析方法，此方法分别从政治环境、经济水平、社会现状、技术水平等外部宏观环境进行分析。通过政治、经济、社会以及技术分析，并根据自身的实际市场位置，总结这些因素在市场发展过程中给经营单位带来的影响，再以此为依据，制定经营单位的经营发展战略和策略。在具体的市场营销工作中，不会只用一种分析方法，人们经常将 PEST 分析法与五种力量分析法结合起来各取所长，有利于经营单位对微观环境因素及外部宏观环境因素考虑得更加充分。

PEST 分析方法中的政治环境主要包含哪些内容呢？例如，经营单位需要考虑当前的政治环境是否相对稳定、现阶段国家的相关政策有没有限制或者支持企业的发展，以及这些政策有没有可能会改变法律进而加强对经营单位的监管或者收取较多的税费，政府对于文化与宗教是否有更多的关注，等等。

经济环境因素的分析需要考虑到构成经济环境的关键战略要素 GDP、银行利率水平、货币相关政策、通货膨胀与紧缩、就业率失业率水平、居民可支配收入以及市场需求等。

社会环境因素的分析需要考虑人口环境和文化背景。例如某地区的人口规模、居住环境、年龄分布、种族结构等因素。此外，还需要考虑该地区宗教信仰的具体内容、本地区消费者对于国外或者其他地区的商品是什么样的态度等。

技术环境层面主要包括发明创造、经营单位有关产品的新技术工艺、新的原材料等。可以从以下层面具体分析：（1）产品和服务在不影响质量的条件下生产成本是否降低；（2）科学技术有没有为消费者和经营单位提供更多的新型产品与相关服务；（3）对于分销渠道，有没有体现科学技术的作用；（4）科技是否为经营单位提供了全新的与消费者进行沟通的渠道；等等。

第一节　经营管理概述

经营＝管理？经营与管理像孪生姐妹一样，一直被放在一起称呼，两者之间到底有区别还是没有区别呢？对于本章的学习，首先要思考的问题就是两者之间的联系。目前学术界一直认为经营与管理是两个既有差异又有关联的概念。国内外对两者之间的关系有三种不同的解释，从而也形成了经营与管理等同、管理从属经营以及经营从属管理三种不同的理论。

一、经营管理注释

（一）经营与管理等同理论

经营与管理等同理论认为：经营与管理之间没有区别，经营就是管理，管理也就是经营。依据这种理解，对于管理的解释同样也可以用在经营上。等同理论对于经营管理的具体理解是：经营单位的经营管理者通过运用一系列的计划组织、沟通协调、指导监督等方面的行政职能和手段，有效而且合理地利用相关资源（人、财、物、市场以及企业文化），在追求社会效益的同时最大限度地获取最好的经济效益。

这种观点显然把问题简单化了，太笼统，没有区分企业中不同人员在整个企业经营管理中的任务、职责，其最大的危害就是造成角色定位不准确，缺位、错位或越位，造成管理、指挥混乱。更严重的是一些战略性的重要问题没有人考虑、规划。例如，企业负责人不去感知外部条件变化，不去想企业应该如何发展，而整天去干涉企业内部的一些具体事务，造成中层人员无法指挥（到底听谁的？最常见的现象，最可怕的结果）的局面；再如一个生产车间的管理人员整天考虑企业的大战略，而不去考虑日常管理。显然，这都是不行的。因此，该理论对于人数少、规模小的企业的危害性可能不太大，但是对规模较大的企业来说影响就很大了。

（二）管理从属经营理论

这种观点简单地说就是把管理的范畴归属于经营。典型的代表人物是法国的管理学专家法约尔，他被称为现代经营管理理论之父。他的代表作《工业管理与一般管理》在 1916 年发表，此书中对于经营管理的概念这样认定："管理不同于经营，管理只是经营的六种职能活动之一。"根据他的观点，经营所包含的六种基本职能活动是技术活动、商业活动、财务活动、安全活动、会计活动和管理活动。对于管理活动的解释是：管理活动包含五种因素，即通常所指的计划、组织、指挥、控制和协调。

从法约尔的理论分析看，经营的主要功能是把握外部环境，并结合内部资源做出决策、制定目标等，属于宏观层面的决策，其工作的特点具有外部指向性。该理论主要包括对人力资源、财力、物资、资源供应、产品产量以及市场营销的全部活动的考虑和权衡，侧重于经营单位的这些活动与市场的关系，以及利用资金运动来研究经营单位的活动，通过研究经营单位如何合理地运用人力、物力、财力以适应市场变化，满足市场需要，取得最好的经济效益。也就是说，经营不仅需要考虑到经营单位的外部环境、市场因素与经营单位自身能力的平衡，还需要考虑到经营单位内部各方面管理的具体做法，其功能是统揽全局，确定方向和目标。而管理更多的是在宏观决策和方向确定后，在内部实施各种手段实现目标、完成任务。因此，管理的功能是执行决策，提高效益。

（三）经营从属管理理论

经营从属管理理论的观点与管理从属经营理论恰恰是背道而驰的，经营从属管理理论认为，管理应该是宏观层面的，所涉及的范围非常广泛，它不仅存在于企业单位，而且存在于各事业机关单位、学校以及各类社会团体。人类历史上共同劳动出现后，管理也应运而生；而且它将一直伴随着共同劳动的存在而存在。所以这里认为管理的主要功能是计划组织、指挥协调、监督把控。经营则是商品经济出现以后，为了适应市场而展现出来的一种职能，因此它随商品经济的发展而不断发展，并且经营总是和获得利润相联系的，只有营利单位才存在经营。在市场经济快速发展的今天，一些事业单位实行企业化管理也存在经营的问题。

经营从属管理理论认为，现代企业管理由管理、经营以及业务组成。经营、管理、业务这三者之间既有区别又有联系，它们共同构成了现代企业管理的整体。经营的主要职责就是把控市场发展方向，根据市场要求解决经营单位将来生存和发展壮大的问题。经营者要随时了解市场需求，并通过一系列市场调研和数据分析来确定经营单位的经营目标、经营方针和经营策略。本质上就是想办法协调好经营单位的经营目标与内外部条件之间的动态平衡问题。因此，该理论认为，经营的主要功能就是使经营单位的所有经济活动达到经营单位的预期目标，并进行理想方案确定、做出正确决策等一系列工作。而管理的主要职责是按照经营单位之前制定的经营决策、经营目标、经营方针和经营策略，通过科学合理的方法对经营单位内部的人、财、物资源和供、产、销生产经营的各环节进行计划、组织和监督控制，减少产品生产经营的周期以及物资消耗，提高产品质量，降低成本，从而提高经济效益。所以这种观点认为，管理的主要功能是执行，利用科学的方法研究和解决经营单位在经济活动中具体的战术性和执行性的问题，以保证经营单位目标的实现。

该理论中的经营与管理从属理论在本质上是一致的，也就是说经营从宏观的角度出发，整体把控、着眼全局，侧重于关系到经营单位的发展方向以及生存的大问题，如经营单位的经营方向、经营目标、经营方针、经营策略，其实质是解决企业经营目标与经营环境、内部条件三者之间的动态平衡问题。

二、现代企业经营的概念

现代企业经营主要是指，经营单位在进行产、供、销的全部经济活动中，完善市场调研与数据分析，做好经营预测，确定经营单位产品发展方向，制定经营单位有效长期发展规划，并根据市场需求以及自身条件进行新产品开发，提升销售技巧，从而实现经营目标的一个不断良性循环的过程。

根据这个定义，对现代企业经营可以从以下几个环节了解：

（1）从市场调研的基本数据去了解消费者需求变化方向、获得消费者信息，从而确定产品发展方向并且对市场需求量做出较为准确的预测；

（2）制定企业长期发展规划，对产、供、销经营活动做出相应的决策以及计划；

（3）不断地改进和提升销售技巧，以满足社会需要从而实现企业目标；

（4）通过市场调研数据分析以及消费者的信息反馈，了解市场新的需求，进一步提升产品的品质，生产出适应市场的产品投入市场。

第一个环节非常重要，往往被忽视。很多人在投入一定的费用后，结果是没有市场，就觉得花了冤枉钱，这个观念一定要转变。因为企业做了市场调查，如果发现不能展开经营，损失的仅仅是调研费用，这部分是非常少的。如果不做市场调查，盲目投产，最后发现发生了方向性的错误，或者根本没有市场，那么生产投入的设备、人力、生产成本等费用加起来可能就是调研费用的成千上万倍，损失可能大得无法弥补。

现代企业经营的重点是决策，其实质是解决企业外部环境、企业经营目标和企业内部条件这三者之间的动态平衡问题，是与企业命运密切相关的战略性问题。

三、现代企业经营管理

经营从属管理理论认为，企业的全部生产经营活动过程，从其本质和涉及面来说，可分为生产活动和经营活动两大部分。其中经营活动过程也叫作经营管理，生产活动过程被称为生产管理。作为企业，在从事经营活动的时候，要把外部环境的变化作为重要参考，注重外部环境的变化，以经营为中心，将决策过程视为重要的过程管理手段，这一系列的过程究其根本就是要解决好企业经营目标与外部环境、企业内部条件三者之间的动态平衡问题。

从狭义的经营管理含义来理解，经营管理指从生产领域向上游和下游两头延伸的管理。向上游延伸至产品生产以前的决策和计划，要证明企业前期所做出的决策方向是正确的，市场调研预测和数据分析就必不可少，这也是最后做出决策、制定方案的基础依据，并通过一系列经营计划将决策方案具体化；向下游延伸至产品生产出来以后的销售过程，包括售后的技术服务和获得新的市场信息反馈的过程。

根据以上分析可以对现代企业的经营管理做如下定义：

"现代企业经营管理，是指经营者为了使企业有良好的生存和发展空间，并且可以获得良好的经济效益和社会效益，在劳动分工的基础上利用现代管理制度以及科学的方法理论，对企业的经营活动行使一定的管理职能，有效地实现预定目标的过程的总称。"

第二节　体育经营管理

体育经营管理是在我国社会主义市场经济条件下，体育产业部门面向市场，走体育产业化、体育商业化发展道路的重要举措。在当前我国体育产业部门运行机制转轨时期，加强对体育经营管理的理论与实践的研究，具有十分重要的意义。

一、体育经营、体育经营活动及体育经营管理的含义

体育经营是指运用管理学理论和方法，研究体育组织的协调功能，以实现预定的体育目标的方法。由于管理体系主要由管理者、被管理对象和管理手段三方面构成，因此其研究对象包括管理者和作为被管理者的人、财、物、时间、信息，以及管理形式和方法等。

体育经营活动是指体育相关企业为了达到营利的目的，将体育活动作为经营对象，并且以商品形式进入市场，其经营内容包括健身、娱乐、运动训练、竞赛、培训、表演等。

体育经营管理，是指以现代企业经营手段将体育经营活动合理化，为了实现相应的目标，所从事的各种管理工作的总称。换句话说，就是通过应用现代企业管理的基本原理、基本方法和手段，对体育经营单位的经营活动行使一定的管理职能，以实现体育经营的经济效益和社会效益的最大化。

二、体育经营管理的基本要素

体育企业要在适应市场规律的基础上开展体育经营活动，需要具备以下五个最基本的要素。

（1）人力资源。生产力中最活跃、最能动的要素就是人，其自然也是企业开展体育经营的关键要素。其中，人的能力、精神面貌及创造性等要素更为重要。但应弄清楚，不是所有的人都是资源，只有人才才是资源，才可挖掘其潜能。创业要重视人才，有时获得一个人才就可以使企业起死回生，正所谓"千军易得，一将难求""铁打的营盘流水的兵"。管理中，要重视人岗匹配，要重视对人的激励，要重视对人的职业规划，要重视领导、员工两类人才的晋升，要重视公平、公正环境的营造。

体育经营管理需要的是对体育以及现代经营管理理论与方法都非常了解的专门人才。较高的业务素质、较强的经营管理能力以及较扎实的经营管理知识是一个体育经营管理者的基本要求。此外，一个合格的体育经营管理者还必须懂得科学的经营管理方法，不仅能够协调市场上各方面的关系，熟悉体育运动的规律和特点，还需要了解企业员工的思想动态以及掌握思想工作的一般规律等。

（2）财力资源。资产负债率临界点的理论数据为 50%，明显低于 50% 风险就小、利用外部资金就少，发展相对就慢；接近或高于 50% 危险系数就大，但利用外部资金多，发展相对就快。在商品经济条件下，财力是体育经营活动

中不可缺少的要素。经营单位准备开展体育经营所需的各种要素，如器材、设备和劳动力等，都需要相应的资金去购买，没有足够的必要资金，各种体育经营活动就无法开展。

（3）生产资料。生产资料也称作生产手段，是人们在生产过程中所使用的劳动资料和劳动对象的总称，是企业进行生产和扩大再生产的物质要素。开展体育经营的生产资料主要包括各级各类人员、场地、各种场馆设施及体育运动器材设备等。

（4）体育产品。体育产品是构成体育产业的最基本单位，是体育市场活动的基础，也是决定体育产业区别于其他产业的依据。现代经济学认为，所谓产品是指"能提供给市场，用于满足人的某种欲望和需求的任何事物"。其主要包含了两个方面的事物：无形产品和实物产品。体育产品自然也分为体育实物产品和体育无形产品。体育实物产品是满足体育消费者从事体育活动的各种实体性产品，如体育器材、相关设备、体育场馆设施、体育服装、运动鞋、运动饮料等。体育实物产品固然具有一般物质产品的基本属性，但它同时也是体育消费的有机组成部分。为了实现体育经营的最终目的，体育实物产品起到了关键性作用。体育无形产品指以劳动形态向社会提供各类体育服务。

（5）环境要素（市场要素）。我们国家正处于社会主义市场经济发展的腾飞时期，体育市场则是体育经营单位的生存空间和活动场所。对体育商品生产经营者来讲，如果没有体育市场，也就没有体育市场需求，那么体育经营单位也就没必要进行体育经营活动了，有效的经营就更无从谈起。所以体育经营的环境要素是体育经营环境中的基本条件，特别是体育市场的健全和完善是相当重要的。

体育产业经营的五个要素要求我们在决定经营体育产业时，要对这五个方面进行全面考虑，做到市场分析正确，定位准确，组织管理科学。这五方面按重要顺序排，人力资源是源泉，环境要素是前提，体育产品是核心要素，财力资源以及生产资料是保障。

三、体育经营管理的主要研究对象

体育经营管理主要以体育产业部门的整个经营活动以及市场规律为研究对象。资料显示，在我们国家，现阶段对体育产业的界定还存在争议，并没有一个统一的说法，但是，体育产业主要包含主体产业和其他相关产业两个部分是大家都比较认可的。

作为体育产业的主体产业都是我们所熟悉的，如运动训练与运动竞赛，体育表演与相关培训，健身休闲娱乐以及博彩等。与其相关的产业主要有体育健身器材生产、体育用品生产等。

体育经营管理的研究重点主要是体育经营单位的经营活动以及市场规律，体育产业部门的主要工作就是利用现有的资源（人力、财力、物力以及政策支持）实现相关体育产品的连续生产、销售，以及分配、反馈的经营目标。换句话说，体育经营管理研究的重点就是研究体育经营单位该如何利用市场规律以及市场需求来确立自己的经营思想、经营目标和经营决策，从而最终实现体育经营单位在追求社会效益的同时实现经济效益最大化。

四、体育经营管理的主要职能

体育经营单位在体育市场中有着自己的基本职能，主要表现在：

（1）经营单位需要利用市场调研以及数据分析，预测市场需求以及市场变化，从而明确体育经营单位的经营目标及未来发展方向；

（2）利用敏锐的市场眼光不断发现和创造有利于经营单位生存和发展的机会，合理高效地利用企业自身的一切资源，获得最大化的经济效益；

（3）合理地制定满足市场要求的营销策略，不断提高自己适应体育市场变化的能力，从而强化经营单位的市场地位；

（4）经营管理者应该有效地处理好供、产、销三方面的关系，使整个体育经营活动有效进行，其最终目的是实现体育经营单位的战略目标。

以下笔者以成都体育商城为例进行体育经营管理的分析。

一、成都体育商城缘何关门——成都体育商城破产的原因分析

2002 年，开业不到 180 天，号称"中国规模最大的体育专业商场"的成都体育商城宣布关门，这一消息在四川体育产业界乃至社会都引起了不小的反响。四川媒体从不同角度进行了报道，国内一些媒体也相继转载。为究其原因我们进行了一些调查研究，先后 6 次与商城领导班子交换了意见和看法，也向有关商家和人士了解了情况。现将调查的有关情况包括一些内部情况做一个介绍，并提出初步分析意见以供参考。

（一）专业人士总结的四个原因

（1）市场定位有问题。对成都体育用品市场的估计不够，体育市场并未完全打开，消费群体相对狭窄，仅靠零售很难维持。

（2）招商工作定位不准。厂家直接入驻的少，批发代理的多，80% 以上的商家是二、三级代理，90% 是个体户，抗风险能力差，寄希望在商城的让利

和优惠上，形成不了价格优势，主动权在入驻商家。

（3）缺乏营销网络。单做卖场不行，节假日虽销量大增，但这是以商城让利亏损为代价的。

（4）集团消费场下交易严重。一些代理商的新品只在专卖店销售不进入商城经营，难以管理。

（二）入驻商家总结的原因

（1）商城的管理有问题。深圳好家庭成都分公司认为商城的管理层对体育不懂，更谈不上体育用品的经营了，这是它的致命伤。雪峰、广东百利特等商家则认为成都体育商城的管理有问题，商城在管理上缺乏对商家的凝聚力，相互间的沟通太差。

（2）商城的诚信度不够。先采取扣点经营，后又改为包干租赁，把主要风险推给商家，使不少商家难以承受，撤离是不得已而为之。

二、新闻媒体的评论

《华西都市报》：成都体育商城的口岸比太平洋全兴店还好，但商城的定位有问题，在成都经营体育商品非常困难，顾客群体非常狭窄。

《成都晚报》：倒闭缘于价格和口岸。成都体育商城集中了几乎所有的200多个著名体育品牌，但与相隔很近的后子门一带的专卖店相比根本不具备价格优势，如今这些专卖店依然顾客盈门。成都体育商城价格居高不下是由所处的地理位置和场内装潢所决定的。

《成都商报》：成都体育商城原来是被投资者非常看好的项目，但在苦撑了半年之后就关门，原因尚不清楚。

三、调查与分析

对于成都体育商城经营中出现的问题，我们早在2002年1月当商城经营开始出现困难时就进行了一系列的调查，包括与成都体育商城的领导班子进行多次会谈。以下的分析或许可为成都体育商城关门的缘由做参考。

（一）关于市场定位问题

成都体育商城的市场定位应当是没有什么问题的。成都历来为商家必争之地，是中国西部最大的商贸中心，国务院五部委确定的国家级五大商贸中心之一。2001年商品零售额已突破600亿元大关，在16个全国特大城市中名列第6位。虽然体育用品的消费群体相对较窄，但经营者也相对较少。而在全市近

900家大、中型商场中只有成都体育商城一家是体育商品专业商场。据工商部门的人士介绍，尽管体育用品市场存在着分散、分割现象，没有形成规模经营，但近几年来，体育用品经营商家的经营状况普遍处于中上水平。《四川日报》引用省经贸委、统计局数据表明：全省体育用品零售额增长高达30.9%，仅次于汽车消费。此外，另一个值得注意的事实是，成都体育商城于正式开业后，前两个月运转正常，入驻商家普遍是赢利的，而商城方面亏损的也仅仅是固定资产折旧费。这在成都近几年开业的大型商场中并不多见。

（二）关于成都体育商城的口岸问题

成都体育商城作为经营体育用品来说其口岸是不错的，它位于成都市中心，距成都市体育中心仅300米，紧邻成都传统的"体育用品一条街"。而时至今日，"体育用品一条街"上的专卖店、单店仍然经营情况较好。而经营条件更好、入驻价格并不高的成都体育商城为什么就难以为继了呢？令人深思。

（三）关于宣传问题

成都体育商城的宣传方式欠妥，宣传力度不够。体育用品是特色商品，需要大力宣传。而成都体育商城方面在招商新闻发布会后多次婉言拒绝了社会提出的宣传方案和建议，其自身也并未找到凝聚人气的办法，这不能不是一大遗憾。

（四）关于管理问题

成都体育商城的管理存在着一定的问题。商城没有和入驻商家建立经常性的沟通和联系，自始至终都没有凝聚一批与其共同发展的核心商家，使社会提出的、商城管理层认可的"招得进、稳得住、能发展"的目标化为泡影。此外，使商城方面深感头疼的集团消费场下交易严重，一些代理商的新品只在专卖店销售，不进入商城经营的现象，实际上是商城在管理上出现问题的综合反映。

（五）关于商业大环境问题

成都商业市场虽大，但近几年来商业竞争非常激烈。仅仅在不到一年当中，就先后有引进北京"万通模式"的"巴黎老福爷"、打造百货精品专业商场的"春天巴黎"、号称西南最大的西服广场的"蜀都西服广场"等大型商场经营出现困难，面对漫长的淡季和即将进入夏季的高运行开支而不得不相继关门。成都商业竞争之激烈，由此可见一斑。而作为成都唯一的大型体育用品专业商城的关门颇使业内外人士感到困惑。

（六）关于共建问题

三方共建应当说是一种很好的合作形式。成都体育商城的招商工作在共建三方的共同努力下，实现了几乎所有体育用品品牌入驻的目标，商城入驻率高达96%，应当说成都体育商城开局运转是良好的。但开业后的合作则显得不大协调。成都体育商城从来没有按共建合同向另外两方报告过经营状况，这也是导致成都体育商城破产的重要原因。

四、启迪

共建成都体育商城项目的失败给我们留下了许多思考，对于开发一个项目来说，笔者认为至少要注意以下几个方面的问题。

（一）一定要有好的商业运作模式

成都体育商城前期招商工作较好，一是共建三方的积极配合，二是商场招商时采取扣点无保底招商的优惠政策吸引了众多商家入驻。但这种商业运作模式的经营风险主要集中在商城方面，导致成都体育商城每月亏损十几万元（含固定资产折旧）。而后被迫采取包干租赁形式从而又导致一些商家开始撤离，在一个月内撤离商城的商家就超50%，这从一个方面说明了商业运作模式的重要性，事先一定要策划好，一旦确定，不得随意更改。

（二）一定要有好的合作机制

客观地讲，三方共建的合作形式太松散，难以形成持续发展的合力。特别是四川省体育产业开发总公司参与共建的合作应当更实际一些，更具体一些。

（三）一定要有风险意识

在市场经济的条件下运作项目，即使项目再好也要有风险意识。一定要冷静地分析主客观因素，做到论证清楚、准备充分、扬长避短。不仅项目要好，而且经营模式要好，合作伙伴也要好。否则，宁可不上。现在国际惯用的特许经营、现代连锁经营正在兴起，但一些资深专家就指出"特许经营既有高速扩张之利，又有一损俱损之险。成都的单店零售业已经很发达，要扩充市场有一定的难度"。

思考题：

（1）如何理解经营与管理理论？

（2）体育经营管理的基本要素和基本职能是什么？

（3）成都体育商城破产的原因的思考？

第二章 体育经营管理 4C 分析

第一节 体育经营环境分析

体育经营具有五个要素，这五要素实际上可归为两类，即环境和公司。从这两个类别看，环境要素太笼统了。也就是说把所有的东西都归结为环境，会忽视一些重要的因素，而这些因素恰巧又是经营管理中必须要重点弄清楚的。因此，企业经营管理中把环境要素中的重要因素独立出来与之并列，形成了体育经营管理的 4C 分析方法，即环境（Climate）、竞争者（Competitor）、消费者（Consumer）、公司（Company）四类，简称为 4C 分析，并把环境、竞争者和消费者归类为外部因素，公司归结为内部因素。

前面我们已经了解到，企业经营本质上是以外部条件为基础的，努力使自己企业的经营活动适合外部条件的要求而达到自己的经营目的。内部因素受制于外部因素，外部条件决定了企业可生产什么产品、满足什么样的社会需求，可以提供什么服务，而经营单位必须根据外部要求提供符合外部要求的产品或服务才能生存。

因此，从经营的角度讲，经营单位对外部环境的了解和分析，对一个企业的生存可以说是经营中的头等大事、首要问题。因此，对外部因素的分析具有重要的意义。

一、体育经营外部环境因素分析的必要性

（1）体育经营外部环境因素分析可以有效地把握客观规律，使体育企业能够有效预测外部环境的变化趋势，从而为体育企业制定符合市场规律的经营决策提供理论依据。

对外部因素的分析的目的是通过分析，发现其中蕴含的商业机会，发现市

场的基本规律与发展变化的趋势，制定出具有前瞻性的战略。

（2）体育经营外部环境因素分析可以为体育经营单位制定有利于自己生存和发展的体育经营战略提供依据。

外部环境的复杂程度与商品经济的发展程度以及市场竞争程度是呈正相关的。也就是说商品经济越发达，市场竞争越激烈，外部环境变化相应也就越复杂。体育企业在现代市场上的生存和发展，与企业本身对外部环境变化的适应程度和应变能力是相关的。所以，体育经营单位可以通过分析自己在体育市场上所处的外部环境的优劣情况，制定适应外部环境变化且有利于企业生存和发展的体育经营战略，从而促使体育经营单位长期稳定的发展。

二、体育经营外部环境因素分析

（一）直接环境因素

什么是直接环境因素？简单的理解就是与体育经营单位有直接联系的，能给体育企业带来直接影响的基本因素。具体包含以下几个方面。

（1）国家政策。国家政策对体育经营单位的行为是有制约或者促进作用的。体育经营单位应该主动地了解国家政策，这样有利于经营单位更直接、准确地了解政府的导向和体育市场，从而知道自己需要生产什么样的产品才能够更符合市场需求。此外，政府对于企业相关的优惠扶持政策，包括部门招商引资、税费减免政策、用工引智等多个方面，都会直接或间接促进经营单位的健康发展。

（2）体育市场需求。什么是体育市场需求？我们如何去了解市场需求？我们应从哪些方面来了解体育市场需求？随着社会经济的不断发展，生产力与生产关系之间的矛盾也在发生变化，生活水平的不断提高导致人们越来越注重精神需求。体育消费作为现代生活中最时尚最健康的消费，其需求也越来越大。体育消费需求包含实物型需求和精神服务型需求。体育经营单位为了提高自身企业的经济效益，十分有必要不断地去分析、研究体育消费市场与消费需求的变化趋势。

例如，我国健身产业已经发展多年，目前在市场上竞争越来越规范。健身产业是指主要通过提供健身器械和舞蹈类运动场所来满足人们美体、强健体魄的需求，以会员制的形式收取会员费用，并围绕会员群体衍生出私人教练、健身用品、运动营养品、广告赞助等多种盈利模式的一种产业。这个定义打破了单纯的操课、器械健身的认识。私人教练、健身用品、运动营养品、广告赞助也是重要组成部分。同时，私人教练目前已成为健身产业特别是健身俱乐部里的主要业务内容，操课仅成为稳定客户的一种方式。

（3）体育消费水平。体育消费水平"指一定时期内社会按人口平均的体育消费资料的消费数量，反映人们实际消费的体育消费品数量的多寡和质量高低"。其是投资决策、产品生产、服务提供、市场营销（定位、定价）等活动的重要基础和依据。因此，对其的分析非常重要，但往往被忽略。

（4）资源因素。资源因素包括赞助资源、媒体资源、技术资源、人才资源、明星资源、资金资源、相关资质资源。

（5）时间。体育经营单位要研究社会余暇时间的构成及发展趋势，不同的消费者的余暇时间构成不同，要针对不同的消费者提供适销对路的体育商品。

（二）间接环境因素

（1）政治法律环境因素：主要分析政治稳定性、民族问题、公众利益集团、对企业管理的大量立法等。例如一些危险性的运动，如蹦极、攀岩、速滑、水上运动等，都要经过资质审查和审批。另外，"持证上岗"将成为一种趋势，在人员聘用上不要去闯红灯，这是法律因素的影响。对工作人员而言是一个机会，对经营者而言，既是机会（给人以专业性的形象），又是威胁（增加成本）。但两相权衡，利大于弊。

（2）经济环境。国家的经济政策、经济环境、国际经济环境可能为企业的成功创造机会，但也可能给企业带来财务危机。经济环境主要从以下几个方面进行分析。

第一，经济发展水平，如发达国家与发展中国家。总体上讲，经济发展水平低，体育经营的机会少，风险大。在经营中如果不了解该地的经济发展水平及消费水平，将会造成盲目乐观，定位错误。

第二，经济体制，如计划经济与市场经济。

第三，地区与行业发展状况，如重点发展农业、原料、能源等基础产业。

第四，城市化程度。城市化程度指城市人口占全国总人口的百分比。人口集聚效应产生市场效应。文化、生活方式的变化引起消费需求。对于体育经营而言，这点尤其重要。此外，生活在城市的人们注重发展型消费和享受型消费，而一般的农村几乎没有什么体育消费。

（3）货币汇率的变化（外贸企业）。货币具有趋利性，如果人民币不断升值，汇率不断降低，会抑制出口，增加进口，使得内需饱和，导致本国企业经营困难。与此同时，大量外国商品进口，资金套现，导致国内的资金不断外流，资金的流出意味着国家财富的减少。那些出口的企业或进口的企业对此较为敏感。

（4）银行货币政策。例如，金融危机导致银行控制贷款规模、抑制通货膨胀，这样一来就会造成企业借贷无门。资金链的断裂会导致企业经营维持不下去而破产。对体育经营采取优惠政策，会促进经营者进入体育市场；若对体育经营活动课税过高，经营者无利可图，这样会削弱经营者的投资信心，就没有人会愿意进入体育市场。

（三）社会和文化环境

所谓社会和文化环境，"是指人们在一种社会形态下已经形成的信息、价值、观念、宗教信仰、道德规范、消费习俗、审美观念以及世代相传的风俗习惯等被社会所公认的各种行为规范。不同的民族、种族和国家，有不同的社会文化传统和社会生活行为准则，产生不同的风俗习惯和道德观念"。那么消费者之间也就产生了消费的差异。作为体育经营管理者，必须了解自身所处的社会文化结构以及公司内部的社会文化结构，分析它们对公司的影响以及公司对社会的影响。例如，从年龄、职业及社会阶层这个视角看，有关研究结果表明，观赏型体育消费的人群主要是青年学生和工人，保龄球、网球、健身健美项目的消费者主要为白领。

（四）自然环境

作为体育产业部门，需要具体分析产品原材料、能源消耗、环境污染等自然物质环境，为体育经营单位按照客观规律发展提供依据，此外，对于天气也应该重视。例如开展有关冰雪运动、冲浪运动、摩托艇运动、山地户外运动等经营活动，天气变化影响因素就很关键。

（五）技术环境

随着物质生活水平的不断提高，体育消费者对市场的要求和需求也在不断变化，追求新鲜刺激的项目是现代体育消费者的一大特点。作为经营管理者，应该利用现代科学技术，让科学技术成为生产力中最活跃最强大的因素之一，成为推动人类社会经济发展和社会进步的主要动力。经济增长主要依靠技术进步，这是现代社会的一个主要特征。

（六）教育环境

体育经营专业人才的教育影响整个体育产业的发展。教育是一种导向和先兆，如果没有高等教育，世界将停滞不前。

三、体育经营外部环境因素的特点

消费者、竞争者和环境属于外部因素，在经营中，只有了解这些因素的特点，才能更好地利用和处理这些外部因素。那么。体育经营外部因素具有哪些特点呢？

（1）错综复杂。从以上学习可知，影响体育经营的因素非常多，这就决定了体育经营的复杂性。因此，在分析时，要全面、系统地多因素考虑，要认识到问题的复杂性，任何事情都不是表象那样简单。在实践中要注意抓重点因素，抓主要矛盾，不要不分重点，眉毛胡子一把抓，或者看到各种因素，不知如何下手。

（2）相互联系。任何事物都不是孤立存在的，联系是普遍的。外部环境的各因素间是相互作用、形成一个合力对体育经营产生影响的。任何孤立地分析问题所得出的结论都面临着大概率的失败。例如，足球超级联赛市场的观众人数（上座率）并不完全取决于运动员的水平，还受到球票价格、气候条件、比赛时间、比赛地点、电视转播等因素的影响。同时还受到联赛的品牌形象的影响，联赛的品牌形象包括球员的职业素质、比赛的公平性等。

国内外的经济环境影响一个人的收入，受教育程度影响一个人的体育锻炼、体育消费意识，社区周围是否有便利的健身场所，以及该社区其他人的健身意识影响一个人的健身和体育消费行为，这些因素综合影响该社区健身俱乐部的经营。

（3）不断变化。任何事物都是发展变化的，外部环境因素是客观存在并不断发展变化的。

（4）辩证性：辩证的观点（对立统一规律，矛盾双方可以相互转化，要一分为二地看问题）。任何事物都存在积极和消极两个方面，在经营中，既要看到事物的发展前景，充满信心，又要充分认识到不利因素对事物发展的影响，尽量防止、减少不利因素的影响；要善于将不利因素转化为有利因素；不要惧怕矛盾，矛盾是普遍存在的，矛盾不能积累，要出现一个解决一个。矛盾解决了，事物也就发展了。

第二节　体育经营竞争分析

　　企业与市场环境之间有着密不可分的关系。例如市场环境是企业赖以生存的基础。企业经营活动的一切要素都要从外部环境中获取，如人力、材料、能源、资金、技术、信息等，没有这些要素，企业就无法进行生产经营活动。同时，企业的产品也必须通过外部市场进行营销，没有市场，企业的产品就无法得到社会承认，企业也就无法生存和发展。

　　企业市场环境分析是指对经营单位所在行业领域或将要进入的行业的基本情况、资源供应、相关产品特别是竞争者的现状及其变动趋势的分析，主要包含了概貌分析、结构分析以及竞争对手分析。

　　一般来说，经营单位对于概貌分析主要从行业所处的发展阶段、行业在社会经济中的地位与作用、行业的性质及其他经济特征四方面着手。

　　根据美国哈佛商学院波特教授的解释，竞争对手之间的竞争不仅仅是一个行业的竞争，而是存在五种基本的竞争力量，也就是潜在的进入者、替代品的生产者、计价还价的购买者、计价还价的供应者、行业内现有竞争对手。

一、企业竞争者分析的必要性及企业竞争类型

　　所谓企业的竞争者是指与本企业提供类似产品和服务，而且有着共同的或者相似的目标消费者，甚至还有相似价格策略的经营单位，提供一种或一类密切替代产品的相互竞争的公司群。

（一）企业竞争者分析的必要性

　　为了在激烈的市场竞争中有一定的地位，经营单位不仅要明确自己的目标消费者，而且要对自己的竞争对手了如指掌。反过来，竞争对手对经营单位也是一样。经营单位识别竞争者看似很简单，通过基本调研就可以了解，然而实际情况却不尽然。由于市场需求具有复杂多变、层次不一的特点，随着科学技术的快速发展与推进，市场竞争中的企业面临复杂的竞争形势，一个企业可能会被新出现的竞争对手打败，甚至由于新技术的出现和需求的变化而被淘汰，如手机巨头诺基亚等。所以企业必须密切关注竞争环境的变化，了解自己的竞争地位及彼此的优劣势。

　　市场经济的规律：哪里有竞争力哪里就有优胜劣汰，这就迫使企业必须不断研究市场，不断研发新产品，通过更新设备和改进新技术，降低经营成本，提高经营效率和管理水平，获得最佳的经济效益。

（二）企业竞争类型

市场经济发展的今天，对于经营单位来说，明确竞争者的类型是至关重要的，这是经营单位制定营销策略的关键环节。所谓适合市场的营销策略，就是要针对经营单位自身的特点来制定，同时也要参考竞争者的类型。从行业的角度来看，企业竞争类型包含直接竞争、替代竞争以及产品竞争。

（1）直接竞争。生产相同或者相似的产品以及服务的经营单位之间的竞争。例如，NBA 与高中篮球联赛之间就属于直接竞争。在印第安纳州，高中篮球赛时间为周五和周六，为了避免这种直接竞争，NBA 的印第安纳步行者队很少在这个时间安排主场比赛。

（2）替代竞争。一种产品或相似的替代品之间的竞争，如足球世界杯和 NBA 同时进行，既可以现场观看也可以看电视转播。这种竞争主要靠品牌建立消费者的品牌忠诚度，或者在现场观看和看电视转播之间取得一个平衡，因为损失任何一方都会造成损失。

（3）产品竞争。具有相似效果的不同产品之间的竞争。如其他形式的娱乐活动替代体育活动等。

二、企业竞争者分类

（一）依据市场角度分类

（1）品牌竞争者。在满足消费者某种愿望的同种产品中不同品牌之间的竞争，如耐克、阿迪达斯、李宁、匹克等。品牌竞争者之间的产品相互替代性较高，因而竞争非常激烈，各企业均将培养顾客品牌忠诚度作为争夺顾客的重要手段。在整个世界范围内，与经济发展相伴随的市场竞争大约呈现出五个方面，即产品竞争、技术竞争、资本竞争、品牌竞争和知识竞争。其中品牌竞争在 20 世纪后期最具有代表意义，它在一定程度上折射和包容了其他的竞争形态。因此在现代营销中，品牌竞争就成为一种具有典型意义的营销模式。

（2）行业竞争者。在市场中，经营单位把提供同种或同类产品，但是规格、型号、款式不同的企业称为行业竞争者。所有同行业的企业之间存在彼此争夺市场的竞争关系。行业竞争体现在定位、档次方面。例如，同样是一款网球拍，但是由于每个厂家都有自己的规格、型号，以及配置等，因此价格就不一样。厂家之间就是行业竞争者。

（3）需要竞争者。提供不同种类的产品（如室内健身与户外运动、羽毛球运动与网球运动），但满足和实现消费者同种需要的企业称为需要竞争者。

（4）愿望竞争者。提供不同的产品，从而满足消费者的不同需求的企业称为愿望竞争者。这些企业间存在相互争夺消费者购买力的竞争关系，如休闲娱乐、运动健身等。

（二）依据经营单位在市场中的角色分类

（1）市场领导者。经营单位的产品在市场中占有整个同类产品的最大市场份额。作为市场领导者，他们在新产品开发、产品定价和价格变动、促销力量等方面处于主宰地位。例如：在体育服装市场上，耐克公司可以说是领导者；宝洁公司是日化用品市场的领导者；可口可乐公司是软饮料市场的领导者；等等。市场领导者通常在产品开发、价格变动、分销渠道、促销力量等方面处于主宰地位。市场领导者的地位不是恒定不变的，他起源于市场竞争，也可能失败于市场竞争。今天的领导者明天甚至有可能被淘汰出局，这就是市场经济的残酷性。例如，耐克公司作为体育服装的领导者也不敢轻易放松警惕，阿迪达斯的崛起，国产品牌的大力追赶，随时都有可能抢占一部分市场份额。

（2）市场挑战者。市场挑战者是指那些相对于市场领先者来说在行业中处于第二、第三和以后位次的企业。如阿迪达斯是市场挑战者等。市场挑战者往往试图通过主动竞争扩大市场份额，提高市场地位。又如，我们国家的王老吉饮料是可口可乐的挑战者。

（3）市场追随者。市场追随者指在行业中居于中间地位，并安于次要地位，在战略上追随市场领导者，并力图保持其市场占有率不下降的企业，在现实市场中存在大量的追随者。市场追随者的最主要特点是跟随。在技术方面，它不做新技术的开拓者和率先使用者，而是做学习者和改进者。在营销方面，不做市场培育的开路者，而是搭便车，以减少风险和降低成本。市场追随者通过观察、学习、借鉴、模仿市场领导者的行为，不断提高自身技能，不断发展壮大。

（4）市场补缺者。这部分企业主要关注相关产品市场上主要经营单位不感兴趣的某些中小企业，他们在这些小市场上通过专业化经营来获取最大限度的收益，在大企业的夹缝中求得生存和发展。市场补缺者通过生产和提供某种具有特色的产品和服务，赢得发展的空间，甚至可能发展成为"小市场中的巨人"。在实际操作过程中，市场补缺者会选择市场领先者看不上的资源和机会，例如，小米自推出时，就主打学生用户，低价位高性能制造话题让用户成为粉丝，成为发烧友，一步步积累实力，现在转型自主创新的道路。不可否认，大部分学生群体消费能力还很不足，小米看准这一点，成功突破。

此外，企业应从不同的角度，识别自己的竞争对手，关注竞争形势的变化，以更好地适应和赢得竞争。

三、企业竞争者分析的要素

根据波特教授的"五因素分析模型"，对企业竞争者主要从四个方面来分析，即四因素分析法：未来目标、自我假设、现行战略、能力。

（1）未来目标。

分析并了解竞争者对未来的目标，将有助于推断竞争者对其自身地位及财务成果的满意度，从而可以推断其改变战略的可能性以及对其他企业行为的敏感性。

（2）自我假设。

自我假设包括竞争者对自身企业的假设和对所处行业及其他企业的假设，比如竞争者将自己看成社会知名公司。

（3）现行战略。

对竞争者进行现行战略的陈述和分析，实际上就是看它正在做些什么？正在想什么？

（4）能力。

对竞争者的能力进行客观评价，因为能力将决定其对战略行动做出反应的可能性、时间选择、性质和强度。

四、企业竞争者分析的方法和步骤

确认公司的竞争者。广义而言，公司可将制造相同产品或同级产品的公司都视为竞争者。判定竞争者的目标和战略方法是进行竞争者战略群体划分。因为，在多数行业里，竞争者可以分成几个追求不同战略的群体。公司最直接的竞争者是那些处于同一行业，采取同一战略的公司。确认竞争者所属的战略群体将影响公司某些重要认识和决策。

战略群体的划分实际上类似于市场营销中的市场细分。确定了战略群体，也就基本确定了这个群体的目标和战略。因为，群体之间的战略差别通常表现在目标市场、产品档次、性能、技术水平、价格以及销售范围等方面。对战略群体的划分本身就是一个确定竞争者的战略过程。

什么是战略群体？

（1）战略群体的定义。

战略群体是指一个产业内执行同样或类似战略，并具有类似战略特征的一组企业。

同一战略群体内的企业通常有以下四个至多个竞争特征：

①同样的价格或质量；

②同样的地理区域；

③同样的分销渠道；

④提供类似的服务；

⑤相同的技术方法；

⑥不同战略群体的进入与流动障碍不同；

⑦同一战略群体内的竞争最为激烈；

⑧不同战略群体之间存在现实或潜在的竞争。

（2）战略群体的划分标准或变量。

对于战略群体划分，竞争战略之父迈克尔·波特做了细致的研究。从他的观点中可以看出，对于战略群体划分，可以考虑以下特性的组合：不同产品的差异化程度；不同区域的相互交叉程度；在市场中细分市场的数量；分销渠道的差异；经营单位拥有品牌的数量；市场营销的投入度；生产纵向一体化的程度；相关产品的服务质量；科学技术领先程度；新产品研究开发能力；成本核算以及预算；物质资源的利用率；市场定价的水平；硬件水平；经营单位所有者构成；与行政部门、金融界等外部利益相关者的关系；规模。也就是说，我们可以把以上这17种变量进行两两组合，绘制出战略群体图（图2-2-1）。

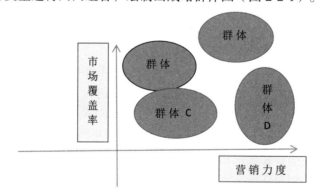

图 2-2-1 战略群体图

根据波特的观点，战略群体划分可以用以下四个步骤来进行：

①识别能够区分不同企业的因素；

②根据识别的因素选出经营单位的个体差别变量，把每个经营单位画在一个双变量图上；

③根据变量图，我们把大致落在相同区域内的企业归为同一个战略群体；

④通过画圈的形式确定战略群体，使其半径与各个战略群体所占整个行业的份额成正比。

战略群体的概念对行业分析有以下两个方面的意义，并且可以帮助企业确定环境的机会和威胁。

一方面，辨别经营单位直接的竞争者。根据战略图可以将同一战略群体中的经营单位视作最直接的竞争者，然后是考虑相距最近的两个群体中的经营单位。正常情况下，相距很远的两个经营单位几乎没有多少竞争。

另一方面，辨别在市场竞争中存在的移动壁垒，并从中获取有利于自身的信息。

移动壁垒即经营单位从一个群组移向另一个群组所必须克服的壁垒。移动壁垒其实就是经营单位竞争优势的位差。移动壁垒是限制经营单位在一个行业内不同的群体之间转移的因素，它包括经营单位进入其他战略群体的阻碍因素和退出当前战略群体的阻碍因素。这样就导致经营单位在行业内进行横向扩张时将会花费一定的成本代价。经营单位如果要克服移动壁垒，正常情况下需要有固定资产的重新投入、消费者对经营单位形象的现有认识等。

在市场中，一些特定的经营单位可以利用转移壁垒评估企业受到其他群体企业进入威胁的大小。通过评估，如果转移壁垒较低，那么其他群体经营单位的进入威胁就大，反之则威胁越小，这就在很大程度上限制了经营单位的价格和利润；当然，如果进入其他战略群体的壁垒高，所带来的威胁自然就小，这样可以使在受保护的群体中的企业有机会提高价格。

我国健身行业已经发展多年，根据目前的市场现状，可以选取两项变量数来识别战略群体的特征，即营销力度和市场覆盖率（图 2-2-2）。

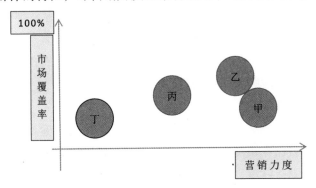

图 2-2-2 营销力度和市场覆盖率示意图

乙类，处于乙类位置的经营单位应该具有跨国著名品牌，是作为市场领导者的跨国公司或者连锁经营单位。比如中国地区的威尔胜等。

甲类，在甲类位置的经营单位有国内较强的品牌，他们具有较强的营销能力和较大的市场份额。比如青鸟健身、英派斯等。

丙类，丙类经营单位没有太大的竞争能力，所经营的品牌有明显的区域性特点，他们的营销技巧和组织能力都一般。例如重庆的陈静健美城、奇迹健身等。

丁类，这一类经营单位的知名度较低，竞争力也弱，属国内小众品牌。他们主要通过降低产品成本，成为市场的跟随者（比如一些私人的体育健身企业）。

根据以上四类进行一下分析说明：

A.经营单位的战略选择。

对于甲类经营单位来说，他们最主要的任务就是保持自己在现有市场中的竞争地位和市场份额，在此前提下不断积蓄力量，提高自身竞争力，在获得较大经济效益的同时与乙类企业抗衡。从这个角度来说，甲类经营单位应该属于市场挑战者。

对于乙类经营单位来讲，作为市场领导者，本身就有自己的品牌优势，市场份额很大，消费者的忠诚度也还可以，再加上有资本进行市场营销而且力度又很大，所以，要进入甲类经营单位的市场并不是一件很难的事情。不过乙类企业的经营战略是走高端路线的，目标市场主要是高消费群体，对于这一类企业最主要的问题就是如何实现本土化，降低成本。

丙类企业要在自己的市场上稳定，且不会被甲乙两类企业打败，他们就必须想办法提升自己，利用自身拥有的资源不断向甲乙类企业靠拢，这自然不是一件容易的事情，竞争势必很激烈，在这个过程中很有可能受甲乙类企业的打压，最终很有可能被挤到丁类市场甚至还有可能从此退出市场。例如，我们国家的手机市场，在智能手机出现之后，原有的诺基亚等品牌就被挤压出市场了。

对于丁类企业而言，他们的经营战略很明确，就是保有现有市场，解决生存问题，可以选择的战略是横向联盟或与其他企业联盟。

B.判定竞争者的目标。

经营单位应该主动去判断和了解潜在竞争者的经营目标和消费群体。如此一来就可以了解自己在市场中的每一个竞争者，还可以了解竞争者目前在市场中的地位和自身财务状况，根据这些资料可以推断出竞争者的战略发展方向和可能采取的行动，从而在战略管理一开始就能针对主要竞争者的可能行动，采取相应的应付方法。此外，对竞争者目标的了解也有助于预测对战略变化的反应，从而帮助企业避免那些会引发激烈竞争的战略行动。

a. 掌握主要竞争者的情况。

在激烈的市场竞争中，了解对手越多，对经营单位本身越有利，所谓知己知彼，百战百胜。经营单位主动了解竞争者可以从以下方面入手：盈利、市场占有率的增长、资金、技术、服务和其他目标所给予的重要性权数。

b. 确定主要竞争者的目标，明确竞争者的营销行为。

了解竞争者对自身盈利、市场占有率的增长、资金、技术、服务和其他目标所给予的重要性权数，就可以了解竞争者对财力状况是否感到满意，了解竞争者对各种类型的竞争性攻击会做出什么样的市场反应等。比如某一企业追求低成本领先的竞争类型，那么对于他的竞争对手因技术性突破而使成本降低所做出的反应，比对同一位竞争对手增加广告宣传所做出的反应要激烈。

C. 对竞争对手的优势、劣势分析。

竞争者分析的内容其实与前面竞争者战略群体划分的标准是一致的，可见图 2-2-3。

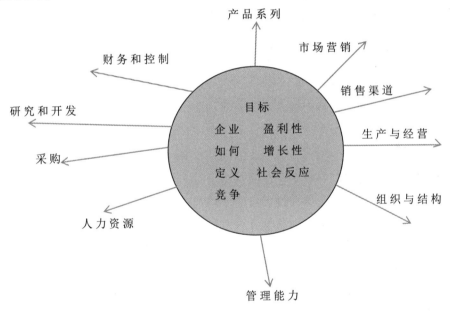

图 2-2-3　竞争者优劣势分析图

a. 必要性。

在激烈的市场竞争中，经营单位要时刻清楚自身的角色和地位，需要认真分析竞争企业的优势与劣势，正所谓知己知彼，百战百胜，这样才能有针对性地制定正确的市场竞争战略，避开竞争者的优势、抢占弱势、出其不意，利用竞争者的劣势来争取市场竞争的优势，从而实现企业营销目标。

b.分析的步骤：收集信息、分析评价、定点超越。

c.竞争者优劣势分析的内容。

对于产品系列来说，主要是了解竞争企业的相关产品在市场中的地位，以及产品在市场上的适应性等。

销售渠道主要包括竞争者的销售渠道的广度和深度，此外还有销售的实力以及服务水平。

市场营销方面主要体现在竞争者的市场营销组合的水平、市场数据研究、新产品开发的能力上。

经营单位的生产规模大小、生产成本水平高低、硬件设施是否完善、技术、产品的质量管控、市场的区位优势、企业员工的基本素质与忠诚度、原材料的来源与成本、纵向整合程度等都是应该着重分析的。

竞争企业的研发能力也决定了该企业在市场上存在时间的长短。研发能力主要是指企业内部在产品生产、工艺水平等方面所具有的研究与开发能力，当然也和研发人员的个人素质与技术水平要素相关。

五、判断竞争者的反应模式

（一）反应迟钝型

在市场上，有一部分竞争企业面对激烈的市场竞争，并不会很快地做出反应，相对于其他企业的反应来说，这个反应比较迟缓。出现反应迟缓的原因或许与管理并没有多大的关系，最主要的还是自身在资金、规模、技术等方面的能力的限制。这些限制导致企业在面对竞争时，无法做出适当的快速反应；也不排除竞争者对自己的竞争力过于自信，感到顾客是忠于他们的，因此不屑于采取反应行为；还可能是因为竞争者对市场竞争措施重视不够，未能及时捕捉到市场竞争变化的信息。公司一定要弄清楚竞争者采取从容不迫行为的原因。例如，在某段时间内占领全球手机通信市场的诺基亚、摩托罗拉等手机品牌在面对智能手机的崛起时毫无招架之力。

（二）反应选择型

市场竞争无处不在，对于一些企业来说，并不是对所有的竞争者的出现都要做出回应的，而是有选择地做出回应。例如，大多数经营单位对降价这样的价格竞争措施总是反应敏锐的，倾向于做出强烈的反应，力求在第一时间采取报复措施进行反击，而对提高服务水平、增加广告投入、改进产品使用价值、强化促销方式等非价格竞争措施则不大在意，认为不构成对自己的直接威胁。

（三）反应凶猛型

面对新的竞争者的出现，凶猛型反应模式的竞争企业会迅速做出回应，主要目的就是在萌芽状态就将竞争对手挤出市场。凶猛型竞争者在做出回应的时候往往是全面的、致命的，甚至是不计后果的。这些反应凶猛型竞争者通常都是市场上的领先者，具有某些竞争优势。一般企业轻易不敢或不愿挑战其在市场上的权威，尽量避免与其做直接的正面交锋。

（四）随机型

在市场上存在一部分竞争者，他们对市场竞争所做出的反应通常是随机的，是不确定的，大多数不按照规律做事，使人感到不可捉摸。例如，随机型竞争者不定时可能会对市场竞争的变化做出一些反应，也有可能无动于衷，毫无反应；当然他们也有可能迅速做出反应；其反应既可能是剧烈的，也可能是柔和的。许多小公司都是随机型竞争者，当他们发现能承受这种竞争时就站在前沿竞争；而当竞争成本太高时，他们就会默默离开。

六、选择竞争对象

（一）顾客价值分析

1. 顾客价值分析的目的

顾客价值对于供应商来说主要体现的是顾客的利益，供应商以一定的方式参与到顾客的生产经营活动过程中，在这个参与的过程中为自己的顾客带来利益，即"指顾客通过购买商品所得到的收益和顾客花费的代价（购买成本和购后成本）的差额，企业对顾客价值的考察可以从潜在顾客价值、知觉价值、实际实现的顾客价值等层面进行"。供应商需要明确分析供应商相互之间的竞争和提供的货物在顾客目标细分市场所要得到的利益认知，从而把那些顾客价值认知与自己公司相当或高于自己公司的企业列为竞争者。

2. 顾客价值分析的主要步骤

第一，辨别有关顾客价值的主要形式和特点。调查研究顾客在选择相关产品和确定销售人员时希望得到什么样的使用价值。

第二，对于顾客的反馈评价需要进行不同属性的分类。利用调查访问顾客，根据顾客对供应商的评价按照不同的属性以及重要程度进行评定与排序。在这个过程中，如果反馈评价观点出现较大的分歧，那就需要进一步细化成不同的顾客细分市场。

第三，对经营单位和竞争企业提供的产品和服务在不同属性上的性能进行重要程度评估。这里针对每个属性成分，研究某一特定细分市场的顾客如何评价公司的绩效，调查顾客对各竞争者在各个层面有何看法。

通过与经营单位最主要的竞争者对比，要想在市场竞争中脱颖而出，经营单位必须要获得各个细分市场的顾客，这是一个关键因素。此外，还需要将自己提供给市场的货物或者产品与竞争企业提供的货物或者产品进行对比分析，如果公司所提供的货物或者产品在所有重要的属性方面都超过了竞争者，公司便可索取较高的价格（以获得更大的利润），也可与竞争者定价相同而获得较高的市场份额。

（二）确定挑战的竞争者和避开正面冲突的对象

1. 强竞争者与弱竞争者

在整个市场竞争过程中，由于公司实力不同，竞争水平会有大相径庭之势。大部分经营单位喜欢把目标瞄准软弱的竞争者，这样有利于自己在市场上地位的稳定，同时，经营单位取得市场份额的每个百分点所需的资金和时间较少，也就是成本会很低。不过由于自己没有对比，经营单位本身也许并没有提升自己的竞争能力。所以，经营单位还应与比自己强的竞争企业竞争，在这个竞争过程中，不断发现自身的不足。为了不被市场淘汰，经营单位不得不努力提高工艺水平。此外，虽然较强的竞争者也有自己的劣势和不足，但通过与其挑战和竞争，也可证明自己与竞争者实力相当。

2. 好的竞争者与不好的竞争者

在市场经济发展的今天，整个市场上的竞争也并不都是完全按照市场规律进行的，也会出现不正常的竞争局面，这些可能会发生在任何一个行业。作为经营单位，应该明确大胆地支持合法合理的竞争者，而对于不尊重客观规律、破坏市场秩序的竞争者要主动攻击。经营单位如何判定竞争者的性质，一般来说，良性的竞争者会有以下特点：第一，一定会遵守行业规则；第二，做出的计划是从实际出发且符合客观规律的；第三，在定价方面，他们依照与成本的合理关系来定价；第四，对于健全的行业是很支持和维护的等，他们接受为他们的市场份额和利润所规定的大致界限。如果是恶性的竞争者则违反规则：他们企图花钱购买而不是靠自己的努力去赢得市场份额；他们敢于冒大风险；他们的生产能力过剩但仍继续投资。总的来说，他们打破了行业的平衡，不利于市场经济的良性发展。

在现代市场经济中，如果是一个良性的竞争者，应该有自己的行业魅力，尽量使周围形成只有由良性竞争者组成的氛围。他们能通过谨慎的许可证贸易、有选择的报复行动和联合，塑造一个行业。因此，该行业中竞争者并不谋求互相倾轧，也不胡作非为，他们遵守规则，各自有些差别，他们中的每个公司力求挣得而不是购得市场份额。

3. 同行业竞争者与潜在加入竞争者

在市场环境中，大部分经营单位多数都会与那些与其极度类似的或者相同的竞争者竞争。不过，经营单位应避免企图"摧毁"邻近的竞争者。例如，"鲍希－隆巴公司在 20 世纪 70 年代后期积极向其他软性隐形眼镜生产商进攻，并且取得了很大的成功。然而，这导致了一个又一个弱小竞争者将其资产出卖给露华浓、强生和谢林－普洛夫等较大的公司，结果使它面对更大的竞争者"。

以下是竞争者分析案例。

体育服装巨头阿迪达斯和耐克的相爱相杀

2008 年以前，阿迪达斯和耐克在中国的市场份额相差不到 1%，那是阿迪达斯最接近第一的时候。此后，阿迪达斯陡然向下，很长一段时间里再无资格"数一数二"。再回到决赛场上，已是 2015 年。

把阿迪达斯送回这个位置的是连续五年的收入增长。"我们已经和耐克势均力敌，我们的品牌从未如此强大。"阿迪达斯大中华区董事总经理高嘉礼一身休闲，说这话时如释重负。

高嘉礼 2010 年来到大中华区时，阿迪达斯在中国的市场份额仅仅排在第四名，排在前面的有耐克、李宁和安踏。"当时我们风头渐失，很多品牌风云突起。"高嘉礼已经在这个位子上坐了四年，从第四回到第二的长夜奔袭，由他领衔。

接过这个摊子时，阿迪达斯刚从库存旋涡中抽身不久，颤抖羸弱，却已决定动身追赶。这是一纸军令状，高嘉礼没有太多时间证明自己，七年来，他是这个位子的第三任主人。

2011 年，高嘉礼团队制定了五年长期规划，名曰"通往 2015"。如今到了最后一年的收官阶段，高嘉礼想要用百米冲刺的速度品尝收获的香甜。

2014 财年业绩显示，大中华区销售额 18.11 亿欧元，同比增长 10%。硬币的另一面是，阿迪达斯的利润其实仍在下滑。2014 年净利润为 5.64 亿欧元，比上一年下滑了 27%。"这是一段寻求变革和转型的道路。"高嘉礼说。告别艰难岁月的阿迪达斯，迎来的是一场对峙长跑，好在阿迪达斯已经不同。

一、正确的河流

走马上任，高嘉礼首先要确保阿迪达斯不会踏进同一条错误的河流。

阿迪达斯首席执行官赫伯特·海纳在2008年年初时表示，"北京奥运会将是我们有史以来的最好机会。"他坚信，这届奥运会将会是一个"转折点"。

遗憾的是，海纳向全世界展示自己产品特性的机会最终变成了绵延数个财季的拖累。用力过猛的阿迪达斯在奥运过后陷入库存旋涡难以自拔，耐克彼时也受库存拖累，但下滑却不如阿迪达斯迅猛。

总结起来，阿迪达斯在如何使奥运会价值最大化这个问题上，采取了与耐克不同的取向和策略。

当时，阿迪达斯投入8000万至1亿美元，获得了北京奥运会的赞助商资格。作为赞助商，它将为奥运会所有的工作人员及志愿者共10万余人提供制服和鞋，同时还为中国奥运军团提供官方制服。它还拥有专卖权，在全中国独家销售获得许可的"运动迷服饰"。但这是一笔得不偿失的买卖，在为奥运筹备的一年多时间里，阿迪达斯投入大量资金，库存高，销售却不如人意，现金流压力巨大。

相反，耐克注重对中国单项奥运运动队及运动员个人的赞助，原耐克总裁查理·丹森称，该策略在商业上会更加有效。"无论是从支持运动的角度，还是从商业和市场营销的角度，这都是对我们资源的最好利用。"日后，耐克在经济危机中经历震荡却未伤筋动骨，在很大程度上也是拜这一策略所赐。

这两种不同方向的思路，直接决定了奥运大狂欢过后，阿迪达斯比耐克迈上更陡的斜坡。奥运会是一个分水岭，但阿迪达斯错过登顶机会却非一日之失。

据欧睿国际的数据，2008年到2009年一年间，阿迪市场份额下跌约4%。最令它郁闷的是，就在此时，它在中国市场第二的位置被本土对手李宁取代——这是2004年阿迪达斯赶超李宁后的首次败落。阿迪达斯在一年之内经历了"大喜大悲"，难熬的日子就此开始。"打一场败仗没有什么"，高嘉礼前任、时任大中华区董事总经理的杜柏瑞说，"关键在于要吸取教训"。"简单地说，我们将来的重点是从之前的重视批发环节、提高订货量，转到提高经销环节的售罄率。"高嘉礼介绍说，之前经销商来参加订货会时，拿到手的产品目录千篇一律，自己随意选择产品购买，但是现在改变开始发生，阿迪达斯会跟经销商进行合作，根据每个区域的气候特征和人群特点帮助他们进行分类和订购。

5%～20%的大型经销商的订单由阿迪达斯进行采购，打包送至仓库，同时告诉他们不要打开包装，送到哪个城市哪个地方再打开，通过这种形式实现更精准地供货。与此同时，阿迪达斯还可以从 80% 的门店获得当日的销售数据，包括消费者性别以及他们选择的产品和价位。

所有这些功夫，阿迪达斯想要实现的就是，能够更好地了解消费者最想买什么，市场上最火的是什么。

2014 财年，耐克大中华区录得收入 26.02 亿美元，阿迪达斯大中华区收入则为 18.11 亿欧元，两者之间的差距不言自喻。但高嘉礼更愿意从消费者角度来评估自己的位置，"看消费者更愿意到哪儿去买东西"。

调查市场份额可以有两个角度，一是批发供应商的订货量，这是很多官方数据或者公司做财报所采用的数据；另一个是，要看消费者愿意到哪儿去买，也就是售罄率。"因为过去有些品牌就碰到了库存高的问题，虽然订货是很多，但是最后都出不了货"。这是阿迪达斯吃过的亏，踏进的一条错误河流。

这就是高嘉礼决定把目标从批发转型成售罄率的初衷。为了监测售罄率，阿迪达斯每年都会做一个大规模的市场调查，找一万名消费者，提供一大堆产品，问他们在这些产品中最愿意买哪种产品。而这几年的调查结果显示，阿迪达斯和耐克基本并驾齐驱。

二、打败耐克?

耐克创始人菲尔·奈特曾说："想要打败耐克，唯一的办法就是全面而准确地模仿我们，然后再找出不同点来各个击破。"而耐克之所以能持续保持竞争力，关键在于更加注重细分市场，更善于打产品组合拳的思路。

2011 年，高嘉礼接手"复兴计划"，方向也大抵围绕细分市场和丰富产品组合展开。当然这并非出于模仿，而是建立在大规模的市场调研基础上。

他的目标非常简单，就是到 2015 年的时候成为大中华区最领先的运动品牌。在"通向 2015 之路"，他设计了 15 个模块，其中有 5 个是业务增长的模块，7 个是内部能力增长的模块，还有 3 个针对客户即经销商的能力增长模块。

这位中英混血的职业经理人不仅有德国公司惯有的缜密思维，更有"绝不手软"的执行力。"就像体育运动一样，如果你付出辛勤的汗水去训练，就可能提高你的成绩，甚至有可能在比赛中获胜"。高嘉礼要做的是，执行鞋类的转型，从批发转型成售罄率，然后专注于如何更好地新增门面。

第一就是品类出击，通过各个品类组合更快地获得市场的提升。阿斯达斯在中国，甚至在全球的一个竞争优势，就是其产品的广度，但他们也深知自己的核心业务还是运动产品，因其 70% 的销售来自运动产品。所以在专业的运动产品之外，运动休闲的生活产品，阿迪达斯必须有所布局。

31

第二就是要拓展中小型新兴城市，他们是未来的增长引擎，"我们叫他们未来城市，因为他们会是 2015 年业务增长最快的地区"。2014 年年末，阿迪达斯已经覆盖了中国 2279 个城市中的 1000 多座，在中国市场上有 8000 多家店，2014 年新开店铺中"未来"中小城市占到一半。

下一个就是零售店铺的细分化，针对客户的不同种类和不同偏好来打造零售的形式，比如针对女性的女子专卖店、NEO Stage、Original 旗舰店、户外专营店、足球店和篮球店等。在此之前，阿迪达斯也有各品牌的运动店，但是却没有根据品类来细分的模式。

为了确定在哪个城市开怎样形式的店铺，阿迪达斯内部有一个专门的开店委员会，高嘉礼是其中一员。这个委员会每两个礼拜开一次会，根据当地的人口、经济发展水平、竞争品牌的开店情况来决定在某个区域或城市需要开哪种层次的店。

例如，女子专卖店目前只开在一线和二线城市中，而平价的 NEO 产品在一线到六线城市都会售卖，而运动表现系列的产品由于价格差别较大，在分布上也各有不同，如最高端的 Stella McCartney 设计品牌，只能在一线和二线城市，另外还有一些高端、针对跑步的运动品牌，也主要在一线和二线市场上进行投放。

最后两个战略是，迅速扩张 Original 运动经典系列，以及对中低端 NEO 品牌的成功定位，我们希望消费者能够更好地了解到我们 NEO 品牌和其他的运动表现品牌有什么区别。

一言以蔽之，阿迪达斯要的是规模扩张。现在，阿迪已经渗透到中国四线到七线城市的广袤腹地。进入这些"甚至连名字此前都未听说过"的城镇，意味着它需要更灵活的战术，更低的内部沟通成本，更高的合作效率。

高嘉礼在 2012 年调整了大中华区组织架构，组成了一个全新的团队，在能力和领导力方面都进行了重组，着重打造内部的素质和能力，循环往复地实施 5 块业务增长模块项目。

每一年，高嘉礼都会让同事帮自己拍一张照片。翻看这几年来的照片，他直叹自己越来越老，越来越憔悴。到了 2014 年，同事第一次要求高嘉礼化妆，"她让我涂点粉，好让我看起来稍微年轻一点"。因为这一年阿迪达斯"成绩非常好"，10% 的年增长率基本可以确保他治下的阿迪达斯复兴无虞。

三、增长的秘诀

女性运动市场是下一个风口，这几乎是所有运动服饰品牌的共识。

　　高嘉礼不相信趋势，他只相信数据。2010 年的调查显示，越来越多的女性喜欢去健身运动，她们不仅把运动当作健身，更把它作为社交的一部分。据此，阿迪达斯在 2013 年专门推出了针对女性的市场营销项目。这是高嘉礼在中国市场上的第一次尝试，也是中国所有运动品牌第一次推出针对女性的市场营销项目。

　　各家虽然已经开始布局，但阿迪达斯却是其中最激进的一个。去年，耐克在全球只开了两家店，中国市场仅一家。瑜伽运动品牌 Lululemon 进入中国只是开了展示店，而阿迪达斯仅在去年年底就一口气开了三家店。

　　像这样的细分门店，全国约有 80 家，这个数字仅占总数 8000 家店的 1%。体育用品营销专家张庆认为，即便不能在很大程度上帮助销售，对于提高阿迪达斯在女性消费者中的认知应有一定帮助。"可以有更好的消费体验，女性消费者通常是感性消费。"

　　高嘉礼并不会过分关注店的数量。他认为，细分店对利润的贡献是渐进的，如果没有这样的细分店，顾客就会跑到其他的品牌去消费，而这些店的存在就是未来让他们继续留在阿迪达斯这里。

　　随着这种细分的店面越来越多，如何紧跟着去理解幅员辽阔的中国市场上千差万别、变幻莫测的消费者，是摆在高嘉礼面前的难题之一。而供应系统如何应对"星罗棋布"的店面需求同样棘手——某个特定设计的产品，在某个专门的店才需要，如何能够准时到达。问题似乎一下子又回到了原点。

　　这让人不禁想起杜伯瑞五年前的反思之语，"我并不认为竞争对手在产品方面比我们强多少，我们输在运作方式上"。打造一套运作方式如百米冲刺，但把它变成现实却需要马拉松式的运作能力。"通向 2015 之路"还有一个名字叫作"赢在中国，赢在未来"。对当下的阿迪达斯来说，中国市场格外重要，虽然它只占到全球销售额的十分之一，但却是其未来之所在。"阿迪达斯想获得全球的成功，必须加强对中国的投资。"高嘉礼说，"我们已经开始讨论在 2020 年的时候中国会是什么样的。"

　　在 2015 年亚洲杯上，中国队小组赛三战全胜，是亚洲杯小组赛历史最好成绩，中国男足的商业价值"爆棚"。而这份荣光却与和中国国足有 25 年合作历史的阿迪达斯无关。"非常注重表现和成果"的阿迪达斯决定与中国足协在 2014 年年底合同到期后不再续约。"死对头"耐克接棒，用 12 年 10 亿元人民币的球衣赞助签下了对阿迪达斯来说不具备最高性价比的国足。（注释：以上案例均来自网络查找，以供学习参考之用，感谢作者！）[1]

---

① 阿迪达斯、耐克案例来源：经济观察报，作者为李文博。

第三节　体育经营单位分析

一、分析体育经营单位内部条件的目的

（1）通过对体育经营单位内部条件的分析，需要明确体育经营单位自身的优势和劣势，其目的是更好地利用和获取外部环境变化，给体育经营单位在激烈的市场竞争中带来机会，同时有效地避开威胁，从而为体育经营单位的市场发展和获取良好的经济效益创造有利条件。

（2）通过对体育经营单位内部条件的分析，经营管理者了解自身在市场竞争中存在劣势的原因，从而为内部挖掘潜力，为提高体育经营单位的素质指明方向、创造条件。

总之，体育经营单位需要：了解长处，发现机会；避开威胁，创造条件；了解短处，提高素质。

二、体育经营单位内部条件分析的主要内容

体育经营单位内部条件分析的内容很多，体育经营管理者主要根据体育经营目标以及体育市场需求进行分析。大多数体育经营单位进行自身能力分析时主要从经营单位的经营管理水平、竞争能力、应变能力等方面入手。

（一）经营管理水平

体育经营单位的经营管理水平对于整个企业来说至关重要，一般来说，经营管理水平主要体现在经营单位领导者的基本素质与业务能力、单位员工的知识文化水平和眼界、经营单位的管理体制、组织结构等方面。以上内容在市场经济中可以直接反映出经营单位的经营管理水平。

（1）体育经营单位领导者和员工的素质决定了经营管理决策水平的高低。领导者主要对于体育经营单位的发展决策做出选择，所以需要了解领导者的受教育情况、学历、决策能力、人格魅力、管理者的工作能力等。那么对于员工来说，员工的素质直接影响着企业的形象、顾客的感受。因为他们是直接面对消费者的。

（2）体育经营单位的管理体制包括管理制度、管理机制、管理机构等。俗话说，"人管人得罪人，只有用制度管人，才能真正管好人"。经营单位的制度应具有激励机制，体现公平、公正，为员工设置多条职业发展通道，提供各种培训机会。

（3）完善的组织机构可以使管理的事务逐步专门化，提高经营管理水平，合理的层级有利于提高决策和信息传递效率。层级少的优势是信息传递效率高，易于控制。其弊端是不能集思广益，容易导致专制，容易使人陷入多头事务中，降低决策水平。层级多的优势是职责明确，可以形成专门化的技能，能集思广益。其弊端是信息传递效率低，容易出现相互扯皮的情况，增加协调成本。

（二）竞争能力

体育经营单位的竞争能力分为三个层面。

一是产品。体育产品包含了实物产品和精神产品，这个层面需要考虑的是经营单位的产品生产及质量控制能力、体育经营单位的服务水平、成本控制、营销能力以及新产品研发能力。

二是制度。制度层面需要考虑的是由经营单位经营管理要素组成的结构平台、体育经营单位内外部环境、资源关系、运行机制、品牌等。

三是核心理念。核心理念层面需要考虑的是体育经营单位的经营理念、以价值观为核心的企业文化、企业形象、企业创新能力、企业特色、发展目标等。

（三）应变能力

体育经营单位在竞争激烈的市场中能否有效地适应市场环境的变化，主要体现在企业的应变能力上。具体到点主要就是以下几个方面：一是经营战略制定；二是研制开发新的体育产品，应用新工艺、新技术的能力；三是技术创新的能力；四是体育经营单位供、产、销以及人事组织系统、经济核算系统的适应性及相互间的协调性等方面。

三、体育经营单位内外条件分析的方法

市场中每一个经营单位的内外部环境并不是孤立存在的，体育经营单位也不例外，外部环境和内部条件之间是相互影响的，因此，体育经营单位要制定正确的经营战略，将外部环境和内部环境结合起来分析。

（一）体育经营单位优势和劣势分析法

（1）优势分析法是指"当宏观经济、行业或体育经营单位处于迅速发展的外部环境和内部条件时，以体育经营单位优势为重点进行分析"。

（2）劣势分析法是指"当宏观经济、行业或体育经营单位处于十分不利的外部环境和内部条件时，以体育经营单位劣势为重点进行分析"。

因为当形势一片大好时，经济发展往往带有一种非理性的成分，此时的主

要任务是抓住这种有利时机，充分利用外部条件，把自己的优势发挥到极致，以加快发展，争取获得更多的利益。也就是说，这时的主要矛盾或主要任务是利用优势搞发展，其余的是次要矛盾，或者说一些问题和矛盾很容易被发展带来的利益所解决。因此这时要进行优势分析。反之，当形势不好时，这时的主要任务是寻找自己存在的问题，看有没有办法避免这些不利因素带来致命的、毁灭性的打击，保证企业能安全地度过危险期。

（二）体育经营单位威胁分析法

体育经营单位在市场中的威胁分析法，也称为体育经营单位生命力衰退分析。经营单位在市场竞争中会不断地更新产品，追赶竞争对手，在这个过程中，难免会有一部分经营单位开始衰退，并最终退出市场，但是衰退并不是瞬时性的，这需要一个过程。体育经营单位在衰退之前会有一定的先兆反应，为了挽救或者避免衰退，经营单位可以根据之前的反应进行分析，也就是威胁分析。如何进行有效的分析，可以参考以下指标：①产品销售增长率，如果出现销售增长率连续几年都明显低于国民经济增长率，就需要引起重视；②产品市场占有率，市场占有率是一个经营单位在市场中所处阶段的重要反映，若连续若干年下降也要引起重视；③资金利润率连续若干年小于银行利息率；④销售利润增长率连续若干年小于销售收入增长率；⑤体育经营单位平均每名职工的销售利润增长率连续若干年小于平均每人销售费用增长率；等等。

（三）体育经营单位的 SWOT 分析

1. 利用 SWOT 分析

所谓 SWOT 分析，即基于内外部竞争环境和竞争条件的态势分析。其中，S（Strengths）是优势，W（Weaknesses）是劣势，O（Opportunities）是机会，T（Threats）是威胁。

在 SWOT 分析战略制定中，先要进行优劣势分析，再进行机会威胁分析。

2. 优劣势分析（SW）

体育经营单位的竞争优势主要是指能够在竞争中超越竞争者，从而实现经营单位经营目标的能力。经营单位的经营目标包括盈利多少、销售增长率、所占市场份额、相对稳定的员工等。在市场中，如果两个经营单位占有相同的市场份额，而且他们都有能力向同一顾客群体提供产品和服务时，那么，拥有更高的盈利率、更快的增长速度或更高的市场份额的经营单位则比另外一个经营单位更具有竞争优势。

竞争优势可以是一个经营单位或它的产品有别于其竞争者的任何优越的东西，它可以是自身产品的质量、产品的使用价值、可靠性、适用性、风格和形象以及服务的及时、态度的热情等。虽然竞争优势实际上指的是一个经营单位比其竞争对手有较强的综合优势，但是明确经营单位究竟在哪一个方面具有优势更有意义。因为只有这样，才可以扬长避短。由于经营单位是一个整体，并且由于竞争优势来源广泛，所以，在做优劣势分析时必须从整个价值链的每个环节上，将经营单位与竞争者做详细的对比。如产品是否新颖，制造工艺是否复杂，销售渠道是否畅通，以及价格是否具有竞争力等。如果一个企业在某一方面或几个方面的优势正是该行业企业应具备的关键成功因素，那么该企业的综合竞争优势就强。例如，健身行业的关键因素是服务、效果、环境。

优劣势分析（SW）：从行业的整个价值链的每个环节上找到该行业企业应具备的关键成功因素，并将自身与竞争对手在这些因素上进行详细的比对，得出结论。

因此，优劣势分析的主要任务是，找到该行业企业应具备的关键成功因素，将自身与竞争对手在这些因素上进行比对，得出结论。

3. 机会威胁分析（OT）

体育经营单位的机会与威胁分析也主要是从外部环境着手的。外部环境发展趋势分为两大类：一是表示环境威胁，二是表示环境机会。

环境威胁指的是经营单位面临的外部环境中对经营单位发展不利的因素。经营单位如果对所面临的环境威胁不采取任何行动，最终结果便是经营单位的竞争地位受到影响甚至是削弱。对于经营单位来说，外部环境的不利因素包括产品的升级换代、新产品出现、资金流动阻碍、竞争对手结盟、市场成长速度减缓、供货商对价格的控制等，这些因素都影响了经营单位目前在市场中的竞争地位。

环境机会是指经营单位面临的外部环境中对经营单位发展有利的因素，是对经营单位富有吸引力的领域，在这一领域中发展壮大的经营单位将拥有竞争优势。外部机会如政策支持、技术进步、供货商良好的关系、银行信贷支持等。

以下以李宁公司为例进行 SWOT 分析。

一、优势

（一）技术与创新

作为国内老牌强者的李宁，相对于其他国产体育品牌，拥有着足以媲美国际一线的技术与创新优势。作为世界冠军创立的体育品牌，几十年来李宁始终在强化企业对于体育运动技术的资金投入，通过建立研发中心，和知名大学合作实验室，积累了一大批专利技术资源，包括引以为傲的李宁弓技术，B+C减震胶技术，pavTRAC超耐磨橡胶等，近年来更是率先提出智慧运动，将云科技与运动相结合。

（二）强劲的销售渠道

李宁公司采取"直营门店＋加盟门店"的市场布局方式，这一模式的优势在于借助经销商的力量迅速抢占市场，挟制竞争对手。截至2014年年底，在经历关停潮后，李宁常规店、旗舰店、工厂店及折扣店的数量共5400余家，而三年前的休克疗法也加强了李宁与其下各个渠道商的联系，使得渠道整体控制能力有较大加强。

（三）企业印象

顺应民意，李宁出山。李宁作为中国体操界的一个奇迹，创造了世界体操史上的神话，先后摘取14项世界冠军，赢得100多枚金牌，名声可谓享誉全球，更何况在其祖国。李宁本人的出山，一方面顺应企业内外呼声，另一方面为增强企业吸引力打了一剂强心针。尤其是李宁对于70后、80后的影响，注入明星效应的"李宁体育"，相对其他品牌有不可比拟的先天优势。

（四）相对国际品牌的价格优势与国内品牌的技术优势

一方面，相对于耐克、阿迪等国际大牌，李宁拥有颇为吸引人的价格优势，整体价格水平是它们的70%；而相对于国内品牌如安踏等，李宁经过20多年的技术积累，运动产品拥有远超它们的技术优势。

（五）深厚的客户基础

作为国内领头者，李宁体育更是在2009年曾一度超越阿迪达斯，其在25年来建立了深厚的用户基础，有着一批忠实的品牌拥护者，尤其是70后、80后，对李宁可谓无不知晓。

二、劣势

（一）客户培养失当

虽然对于 70 后、80 后来说，李宁的名声极为响亮，但逐渐成为运动品牌消费主力的 90 后，却对李宁并不感冒。

（二）失当的品牌定位

李宁的品牌目标是着眼世界，成为国际一流。但是其过快未稳的发展步伐使得其处于一种两难的境地。对位于国际一线的它，绝大部分销售额产生于国内，然而在国内，技术水平低于阿迪、耐克等国际品牌，销售价格高于安踏、361° 等国产品牌，使得自身地位颇为尴尬。

（三）错误的营销策略

2010 年后的李宁，盲目寻找明星代言，缺乏统筹，同时缩减了关于国家慈善的投入，使得其在国民心中的民族骄傲、慈善企业的形象大为削弱，而曾经的李宁正是依托李宁先生本人民族英雄的大旗迅速发展的。

（四）目标消费群体不明确

时代在发展，曾经的运动消费主体逐渐式微，成长起来的 90 后正逐渐成为运动品牌主流消费者，然而很长一段时间的李宁，一方面舍不下 70 后、80 后这曾经的，让他崛起的群体，一方面对于 90 后的消费倾向不假思索和满足，使得其在不同的消费群体间徘徊。

（五）国产品牌低价印象深刻，而李宁技术专业化程度不如国际大牌

想成为国际品牌，李宁有迈不过去的两道坎，一方面，国内人对国产品牌的普遍印象是低质低价，另一方面，李宁现阶段的技术水平依旧比不过国际一线。

三、威胁

（一）国内同业竞争者的威胁

国内体育行业目前竞争相当激烈，诸如 361°、特步等国产一线体育品牌正在不断威胁，甚至在一些重要方面已然超越李宁。在过去的一年，特步凭借互联网思维改革，轻装上阵，成功实现了 14 年业绩大攀升，而李宁虽然也获得 8% 的销售增长，却依旧深陷亏损泥潭。

（二）国际品牌的威胁

国际知名体育运动品牌耐克、阿迪、彪马等占据着高端市场，它们在品牌、产品设计与开发、分销渠道、体育资源等方面都形成了既定的优势，构筑了高端市场的一道进入屏障，使潜在新进入者难以逾越。

（三）主流消费群体关于运动的更新诠释和理解

随着90后运动新潮化，李宁不但没有成功摸索脉络，反而因为左右徘徊而失去了70后、80后很大一部分的蛋糕，未来对于体育用品消费主流的喜好摸索是一大威胁。

（四）潜在服装业替代品威胁

作为运动服饰替代品的休闲服饰，近几年成为热点商品和服装的主流趋势，在国内服装市场备受推崇，成为服装市场的一个亮点，发展势头良好，销售大幅增长。随着休闲服装在国内市场的迅速升温，各地经销商纷纷看好这个市场，各大商场在服装经营上向休闲服装倾斜，休闲服装比例明显大于其他服装。

四、机会

（一）国产品牌探底回暖大趋势

从国内六大品牌公司2014年年报可见，安踏体育、361°和匹克体育2014年业绩最为突出，在各公司出招转型后，这3家公司皆于2014年实现了营业收入和净利润的双增长。可见，经历过阵痛之后，国内运动品牌的二次增长即将到来。

（二）云端购物崛起

淘宝、天猫、京东等云商的崛起颠覆了传统渠道。店面模式因为成本高，信息量少，不够便捷，使得部分销售转向了云商，未来对云的把握将是运动品牌发展的重要契机。

（三）国家加大力度推行"制造强国"，鼓励企业进行技术创新，走出国门

"中国制造2025"的提出，意味着国家下恒心，要将代工工厂转变为技术强国，把发展先进制造业上升为国家战略，围绕创新驱动、智能转型、强化基础、绿色发展、人才为本等关键环节，以及先进制造等重点领域，加快制造业转型升级，大力实施提质增效的重大战略任务和重大政策举措，力争到2025年从制造大国迈入制造强国行列。对于渴望以技术走向国际的李宁来说是重大机遇。

（四）国民消费水平提高，对产品从满足基本需求向更深层次发展

中国正在由全面温饱，向 2020 年的全面小康大步迈去，随着居民生活水平不断提高，消费能力不断加强，人们对于运动的要求不再仅限于低端产品，而是更加追求个性化与专业化。[①]

第四节　体育消费者的消费心理分析

心理过程与个性心理都是在社会实践中发展形成的。一方面，个性心理是在心理过程基础上形成的，没有对客观世界的认识，就不可能产生情感，也就不可能形成个体的性格、气质、能力、理想、信念、世界观等；另一方面，已经形成的个性心理又能调节心理。

心理过程和个性心理是心理现象的两个部分。心理过程主要表现的是个人的、一般的、共有的过程；个性心理则主要表现个体的个人心理个性。两个部分有着密切的联系，它们共同影响着消费者的消费行为。作为体育消费者同样也具有心理过程与个性心理。

一、体育消费者的心理过程

体育消费者的心理过程包括认知过程、情绪过程以及意志过程。

（一）认知过程

个人的认知过程就是对新鲜事物的认识是从感性到理性、从感觉到思维的过程。认知过程在体育消费者从事购买活动中起到先导作用。这个过程主要分为两个阶段，一是感性的认识阶段，二是理性的思考阶段。体育消费者首次进入经营性健身场所，看到的是精致的装修，健身项目齐全，服务人员主动热情，这会给顾客愉快舒适的感觉，使顾客产生消费欲望。反之就会引起消费者失望。由此可见，人们对体育消费有了一定认识之后，也并不一定进行消费，是否消费，在很大程度上受理性认识的支配。

（二）情绪过程

每一个消费者在产生消费行为时都会产生一定的情绪，包括期待、激动、评价、选择。体育消费者在面对健身服务时也会产生一定的情绪，这是一种心理反应。期待指消费者在认识基础上对健身产品或服务的初步印象所表现出来的一种态度。激动指消费者对健身产品或服务由于期待而引起的一时的强烈购

---

① 案例分析来自百度文库，作者为叶信威。

买欲望，这个时候还是会受到各种影响而放弃消费。评价指消费者在购买欲望的推动下，对商品进行经济的、社会的、道德的和审美的价值评估，使自己的感情与理智趋于统一。选择指消费者经过对健身产品的价值评估，产生了对某种产品的信任和偏好，并对它采取行动、形成购买行为。

（三）意志过程

意志过程指体育消费者确定购买项目并支配自己的行为达到既定购买目的的心理过程。这个过程对消费者购买行为起到发动、调节或制止的作用，一般分为做出购买决定阶段和实施购买决定阶段。

当消费者喜欢某种健身产品或服务时，无论消费欲望多么强烈，在成交之际意志都会起关键作用。消费者的意志过程有的较简单，有的则复杂。简单的意志过程，在确定消费目的后就立即付诸行动，复杂的意志过程在确定消费目的后还需要付出一定的意志努力，排除各种外部障碍，才决定进行消费。

二、体育消费者的个性心理

个性心理是指人的多种心理特点的一种独特的结合，个体经常、稳定地表现出来的心理特点。其比较集中地反映了人的心理面貌的独特性、个别性，制约着消费者的购买行为。体育消费者的个性心理分为个性倾向性和个性心理特征。

（一）体育消费者的个性倾向性

个性倾向性决定着人对现实的态度，是人从事活动的基本动力，主要包括需要、动机、兴趣、爱好、理想等。下面主要介绍一下需要和动机。

随着经济的发展和生活水平的提高，人们对娱乐性、保健性的健身体育活动的需求量越来越大。动机是引起消费者活动并促使活动朝向某一目标进行的内在动力。个体的消费动机就是促使消费者产生购买体育消费品或服务行为的内在原因。

（二）体育消费者的个性心理特征

体育消费者的个性心理特征是指区别于他人、在不同环境中表现出来的一贯的特征，主要包括气质、性格和能力，是多种心理特征的独特组合，集中反映了消费者之间的心理差异。

三、商业健身的消费类型与特点

体育消费者在自身心理特征的"驱动"下，常常表现出不同的消费特点。

在健身与体育娱乐市场促销中，经营者必须同各种各样的消费者打交道，如果不能及时、准确地判断潜在消费者购买行为的类型，就可能导致消费者的流失。所以，及时、准确地判断消费者购买行为的类型和特点，有利于健身企业从事有效的经营活动。消费者大致可分为以下四种类型，即被动型消费者、经济型消费者、认知型消费者、情绪型消费者。被动型消费者常常受到其生活技能、习惯等的限制；受到其生活价值和目标的限制；受到其知识水平的限制。他们从经济方面考虑并不能做出一个很好的决策，可能对价格—质量关系、额外功用的认识不足。这种消费者与经济型消费者正好相反，在消费方面易受自我兴趣和市场促销的影响。他们被认为是冲动和非理性的消费者，容易在广告宣传和各种诱导因素的影响下产生被动的购买行为。认知型消费者总是关注品牌信息和购物地点的信息，就像一个信息加工的系统，信息加工可能导致他们注意一些优先的信息，采取优先信息策略，他们也可能通过专家、可信赖的朋友、领先者等获得优先的信息。情绪型消费者在购买一种东西的时候，往往基于情绪做决策，他们在购买之前并不把主要的精力放在收集有关产品的信息上，而是把主要的精力放在当前的心情和情感上。

四、健身消费的特殊心理需求

现代经营性健身企业或者经营性体育中心要想在竞争激烈的市场中立于不败之地，就必须对当前体育消费者的消费心理有一定的了解，这样才能准确地确定相应的经营项目。由于每一个体育消费者所处的社会环境、经济地位不同，并且受到爱好及年龄等多种因素的影响，他们各自具有不同的复杂心理。不过，根据最新研究，虽然顾客心理千变万化，但都不会偏离普遍的消费规律。

（一）个人安全至上的心理需求

安全意识是人类最基本的心理需求。体育消费者在计划去消费时，安全问题是首要考虑的问题，如对健身中心的消防、环境卫生等都会有所注意。所以经营性健身企业最重要的是为消费者创造一个安全放心的环境。例如，安全通道位置是否得当，消防设施先进性如何，内部通道指示图是否明了易懂等。另外，在娱乐、健身设施上也要充分考虑安全问题，如在桑拿房的蒸汽房门上安装玻璃窗口，就是为了便于服务人员随时掌握消费者的情况，以提供及时的服务。对心脏不太好的消费者、高血压患者等都要给予特殊的照顾，这些也是消费者想要得到的。

（二）个人健康的心理需求

经济高速发展的今天，人们不再仅仅满足于衣食方面的需求，对于个体的身体健康关注度越来越高。人们想通过健身活动达到保健、保持活力的目的。一些健身体育项目正具备上述保健的效果，如游泳、有氧运动、桑拿等，都能起到健身作用，因此激发了越来越多消费者的兴趣。

（三）从众心理需求

当今社会，各种时尚、潮流的因素不断地影响着每一个人，体育消费者对于健身也会产生从众心理，导致有部分消费者是为了迎合某种消费时尚而产生同步心理的。商业健身本来就是一个新兴的行业，也属于社会时尚与潮流。一些具备消费条件的年轻人都愿意去商业健身消费，原因就在这里。

（四）形象至上的心理需求

每一个人都希望自己的身体不仅健康，还要匀称完美，这就是人们在享受健身服务的同时，也要追求美的环境、健美的体形等的原因。当前在各种媒体媒介的冲击下，人们对美的追求与表现欲望越来越强烈，而且审美观念也在不断发生变化。健身行业的各种康体项目、桑拿浴、按摩等正是使体型、肌肤达到美的效果，从而满足人们现代审美观的需求的产物。

（五）特殊的心理需求

人们都有一种渴望与众不同的心理需求。例如，对经常光顾高档健身会所的消费者给予一定的特殊待遇，如保留最好的座位、设专用更衣箱、发贵宾卡、在价格上给予一定的优惠，这一系列措施就会满足消费者的特殊心理需求。另外有个别消费者光顾某些健身场所或享用某些体育项目，只是想证明自己的经济实力。

思考题：

（1）体育经营外部环境的影响因素有哪些？作为体育经营单位如何分析外部环境因素？

（2）体育经营内部条件分析的主要内容有哪些？

（3）请根据中国运动品牌"安踏"目前的市场处境，对其进行 SWOT 分析，并写出分析报告。

第三章　体育经营特征与经营风险及体育赛事风险

第一节　体育经营特征

特征是反映一个客体或一组客体本质属性或特性的抽象结果。体育经营特征主要就是反映有关体育经营活动的基本规律，也包括在体育经营活动中经营单位需要遵循的规则和基本准则。

一、体育经营单位的外部经营环境快速变化

正如我们前面所学，体育经营的环境包括政治、社会、经济技术、市场和资源环境等，而外部环境所具有的复杂性、变动性、关联性等特点决定了体育经营的外部环境是快速多变的。例如，体育消费者的兴趣、消费关注点变化是很快的，也是不确定的，再加上科学技术更新、经济发展和市场变化等因素具有多变性。这种多变性对体育经营单位的发展目标和经营活动内容具有非常重要的影响。

因此，在经营中，要时刻谨记"快速多变"这个特征，敏锐感知外部环境的变化，不可以不变应万变，不可思想僵化或产生惰性（人很容易产生惰性）。每天早上上班不妨问一问：今天有什么新生事物出现，今天又有什么新变化、新情况等。

二、体育经营单位的经营活动只能适应和顺应外部环境变化的要求

体育经营单位对快速多变的外部经营环境无能为力。也就是说，经营单位在自然环境、社会环境、经济环境面前是十分渺小的。经营单位可以在一定程度上减小外部环境对自身的影响，提高经营单位的适应能力，但不能改变宏观趋势，这是必须要理智认识的问题。如金融危机、通货膨胀、货币政策等，哪

个经营单位能够改变？因而体育经营单位的经营活动只能顺应和服从外部环境变化的要求。

三、体育经营单位应该及时调整经营决策求得生存和发展

体育经营单位的经营活动只能顺应和服从外部环境变化的要求，所以体育经营单位必须依据外部环境变化，迅速调整自身的条件以及经营活动的相关内容，其主要目的就是实现体育经营与外部环境变化的动态平衡，从而保持自身在激烈的市场竞争中的生存和发展。体育经营单位的经营活动与外部环境变化的要求所形成的不平衡性问题是经常发生的，因此体育经营管理者要运用经营决策和经营计划等经营管理的职能，不断处理和解决这种不平衡性问题，这是现代体育经营管理的中心课题和实质性内容。这些是意识问题，是经营中必备的意识和素质。

第二节 体育经营风险

一、体育经营风险的含义

体育经营的本质就是保持体育经营活动与外部环境变化两者之间的协调与平衡，当然，也是体育经营单位在体育市场中生存和发展的关键。事实上，这种平衡能够随时保持在当今市场中是不多见的，成功运营的体育经营单位也只能基本上或近似地实现这种平衡，这种不平衡问题的存在，导致了体育经营的风险问题。

那么何谓体育经营风险？体育经营风险是指"体育经营单位经营活动结果的不确定性而给体育经营单位造成的损失"。

不确定性有两种可能性。成功的可能性是体育经营风险的风险回报，也是我们要开展体育经营的动力。失败的可能性就是给经营单位造成损失，这种损失指的是在没有准备和预估的情况下的经济价值的减少，也就是非计划性的经济损失。市场经济飞速发展的今天，作为经营单位总会面临投融资风险、经营风险、市场变化风险、技术研发风险、财务风险以及政策法律风险等。所以风险具有以下特征。

（1）风险是必然、客观存在的，做任何事都有风险，没有风险的事是不存在的，这是铁律。因此，我们在经营、创业中，不要幻想没有风险的事等着我们，我们要有足够的心理准备来接受各种风险结果，也要以平常心来对待成

为事实的风险。当风险发生时不要惊慌失措，怨天尤人。

（2）风险只是一种可能，其结果可能发生，也有可能不发生。如果风险没有发生，我们就获得了成功，获得了收益，这是我们要冒风险的理由和价值，也是必须进行经营管理的原因，即尽可能让风险不发生。

（3）风险的变动性说明只要我们认识到了风险，并对这些风险做了充分的考虑和预防措施，风险就可能不会发生或把风险降低到可接受的范围。同前面讲的一样，这也是为什么要进行风险管理，以及进行风险管理的价值。

（4）不确定性表明风险不能预先完全估计到，可能有许多突发事件。因此，在经营中，要提高经营管理者处理突发事件的应变能力。

作为体育经营单位的经营管理者要有风险意识，不要蛮干。那种盲目乐观，对风险估计不足，热情有余、理性不足的莽汉不足取，但我们也要敢闯、敢干、敢冒险。如果异想天开，做没有风险的事，我们将失去大好机会，那是什么事情也干不成的，更谈不上有效经营了。

二、体育经营存在风险的原因

（一）体育经营活动中的不确定性

体育经营活动其实就是根据过去市场的变化和目前市场的需求，来对未来市场的变化做出预测，体育经营单位根据这种预测结果为本单位确定经营目标和各种经营活动。世间万物总是不断运动变化的，这种不确定的变化就导致了多种不确定因素的存在。社会经济环境的变化就是一种不确定因素之一，这种变化对体育经营单位来说是不可控制的因素。而且这种不确定性会不断地影响和制约体育经营单位的经营活动，所以，体育经营单位在这种不确定的经营环境中从事市场经营活动，风险是必不可少的，更是不能够避免的。

（二）体育市场经济发展必然带来经营风险

随着商品经济的发展，以及互联网时代的崛起，生产者和消费者之间原有的距离会越来越大，商品生产过程中本来就存在不可避免的矛盾，例如个别与劳动、具体与抽象、使用价值与价值的三大固有矛盾。随着商品生产的发展以及互联网的冲击，体育经营单位作为独立的或相对独立的生产者和经营者，无法排除由商品生产的三大矛盾所产生的经营风险，这是市场规律的必然体现。

（三）经营风险本就是社会化大生产的一大特点

随着生产力的发展，社会化大生产具有非统筹性的特点。体育经营单位的经营活动形式并不是恒定统一的，反而是多样与多变的，经营活动形式的多样性和多变性导致了体育经营单位的经营活动过程变得很复杂，复杂性又导致了经营管理过程中失误和失控的可能性增加。例如目前市场上的职业体育俱乐部，最初的发展只是依靠门票收入、广告媒体等简单的市场活动。随着市场经济和互联网的不断发展，其经营业务也就不断扩大，根据体育项目开发粉丝产品、衍生产品、商业性比赛、运动员买卖、体育协会……经营范围不断扩大，失误的可能性也就越大。开发球迷产品、衍生产品，目前在我国成功的不多。欧美等西方国家成功的案例非常多，如美国篮球职业联赛、欧洲冠军杯足球赛等。

（四）目前体育消费对于大众来说并不是一项必需的消费需求

既然体育消费不是一种生活必需的消费行为，一旦有外界因素的干扰，已有的消费者就会对体育经营单位的经营活动构成风险。

（五）经营管理者的能力与素质高低也是体育经营风险产生的原因

作为经营管理者，应该具备丰富的经营知识、拥有敏锐的市场观察力，对于经营决策和战略决策的正确制定有很大的把握能力，这样才有可能及时地发现并减少经营风险的发生。如果经营管理者能力欠缺，就有可能在决策和策略上做出不正确的选择，这种失误很可能成为风险产生的主观原因。

三、预防和减少体育经营风险的措施

体育经营风险虽然是客观存在的，但是作为经营者并不会因为风险的存在而放弃经营，因为这种风险是可以预防和控制的。在体育经营过程中，经营管理者应采取正确的策略和有效的措施来预防和减少体育经营风险。

（一）注重市场调查研究，准确判断市场需求

为了减少经营风险带来的损失，作为经营者，首先就应该搞好前期市场调研工作，做好市场预测。对于体育经营活动的环境变化的趋势，能够有效地把控，根据数据分析找出存在的风险因素，同时为防范风险管理决策提供客观的依据。

（二）制定有效的体育经营决策

经营决策如果缺乏时效性或者对市场变化趋势判断失误，必然会给体育经营单位造成风险和经济损失。在体育经营活动过程中，应该根据市场规律和前期的市场调研，充分利用相关知识和经验，采用科学的方法，对市场的变化做出有效的体育经营决策，这是体育经营单位有效控制风险的关键。

（三）实行多样化的体育经营

随着经济全球化的发展，多样化经营是经营单位进行风险管理的一种重要的策略，因为多样化的经营活动可以分散经营单位的经营风险，从而减少风险损失。体育经营单位也可以根据市场需求和自身条件开展多元化经营，在面临各种市场变动因素所带来的风险时能够转嫁风险，减少损失。

（四）制定有效的风险管理制度

体育经营单位要制定好风险管理制度，利用专门的部门执行风险管理。其目的是在经营活动中能够及时及早发现问题，不让风险发生，或把风险降低到最低限度。

第三节　体育赛事风险

一、体育赛事风险的概念

什么是体育赛事风险呢？简单的理解就是体育赛事无法正常进行，或者造成了不好的后果等。作为体育经营单位，体育赛事是自身经营对象之一，在经营过程中会有诸多与市场无关的不确定因素，这些无法确定的因素无论有利不利，都有可能使得实际情况和体育经营单位的期望目标产生一定的差异，这种差异就是体育赛事经营风险。当然，这样可能给体育经营单位带来种种损失。例如体育赛事经营过程中最常见的天气变化、火灾或其他自然灾害，以及运动员因某种原因罢赛、受伤，球迷骚乱，看台垮塌等，使得赛事主办方在筹备和举办比赛的过程中面临许多不确定的因素，这种不确定性就导致了体育赛事风险的发生。

二、体育赛事风险的类型及其成因

一般来说，体育赛事风险可以分为固定资产风险、人身安全风险、体育赛事取消或者延期风险、责任风险及财务风险五个主要类型，分类及主要成因如下图（图 3-3-1）所示。

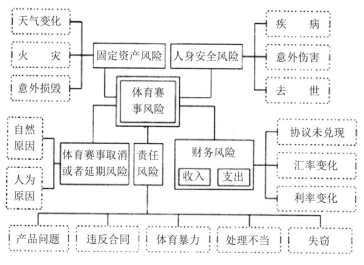

图 3-3-1 体育赛事风险及其主要成因

（一）固定资产风险

体育比赛所需要的体育场馆、体育器材、大型设备等都属于体育经营单位的固定资产。根据比赛的特点，这些财产在比赛过程中有可能遭受损毁、破坏，以及正常的自然损耗等，这些都会给经营单位造成风险。造成风险的潜在原因，包括自然因素和人为因素。自然因素包括恶劣天气、各种自然灾害等；人为因素包括球迷骚乱、空中飞行物掉落等。

体育经营单位在赛事经营中，一定要事先评估赛场对人或物的承载负荷，不能某个地方负荷很重，而另一个地方负荷很轻，使场地、建筑物受力不均或因负荷过重而损坏甚至倒塌，这样不仅带来财产损失，也会带来人员伤亡损失。除此以外，火灾也是一个很容易发生的自然灾害。因此，吸烟、烟花爆竹的燃放等都需要周密安排，并做好消防工作。

（二）人身安全风险

参与体育赛事的人员主要包括运动员、教练员、裁判员以及观众和其他工作人员，这些都有可能在举办赛事的过程中受到不确定因素的影响，造成人身伤害。

例如 2005 年，达喀尔汽车拉力赛有 5 名车手死于比赛途中的翻车等事故；2006 年，达喀尔拉力赛中又有 1 名澳大利亚的摩托车选手和 1 名儿童观众死于本项赛事，使得本项比赛历史上死于比赛途中意外事故的人数达到 50 名。

（三）体育赛事取消或者延期风险

体育赛事如果不能够顺利或者按照原计划进行，对于体育赛事经营单位来说就会面临赛事取消或者延期的风险。体育赛事取消或者延期的原因有很多，可以分为自然原因和人为原因两类。自然原因可以导致体育比赛被取消，例如2020年东京奥运会，即第32届夏季奥林匹克运动会，原定于2020年7月24日至8月9日举行，但受新冠肺炎全球疫情的影响，延迟到2021年7月23日至8月8日举行，延期后的奥运会名称仍保留"东京2020奥运会"名称，是史上首届延期举行的奥运会。另外，人为原因也可能导致赛事被取消。例如，1916年，由于第一次世界大战的爆发，当年的奥运会被取消。同样原因，1940年和1944年的奥运会也由于第二次世界大战而被取消。

（四）责任风险

在体育赛事经营过程中，合同的任何一方违反自己应该承担的责任，所造成的不利于体育赛事进行的后果都是责任风险。出现责任风险的原因有很多，体育赛事经营单位可能承担的责任风险有以下几点。

（1）体育场地或者相关设施的质量不合格。由于体育器材质量问题可能会对运动员造成意外伤害，例如，体操比赛中单杠质量不合格，发生不正常弯曲，甚至断裂等，会给运动员造成极大的伤害。所以，体育经营单位一定要注意购买正规合格的体育器材，绝不能因为一时疏忽或者其他原因购买假冒伪劣产品。此外，在体育比赛中，还要加强巡查，检查器材的运行情况，避免事故发生。例如，为了防止体育比赛场馆中的照明设备停止工作，应该准备备用电源，并制定停电、电路故障紧急预案。

（2）体育比赛过程中出现的暴力等侵害性人身攻击，包括抓住、绊倒、殴打对方球员，以及球迷向运动员、裁判员或官员投掷物品等。

（3）失窃事件。在体育比赛过程中，由于运动员或者其他人员的注意力主要集中在比赛上，所以失窃事故频发，如运动员在比赛中使用的比赛器材或其他物品在驻地或赛事主办方设置的体育器材储藏室丢失等，对此，赛事举办方应负有责任。

（4）违反合同责任。不按照合同约定，会对非违约方造成利益伤害。若违反合同可能引发冲突，造成不必要的人身伤害，从而导致损失。

（5）赛事应急计划不完善。体育赛事经营单位由于应急计划不完善，在发生意外后不能及时做出处理，或者组织处理方式不当等都可能造成人身伤害事故。在足球场看台坍塌造成大量人身伤亡以及球迷冲击赛场并被挤压致死的事件中，赛事举办方都因负有法律责任而需进行赔偿。例如，1902 年，英国的伊伯利克斯的体育馆由于看台倒塌导致 26 人死亡。在同一个场地，1971 年又由于体育馆出口拥挤，导致更为严重的 66 人死亡。与看台倒塌造成的财产损失不同，这里的责任风险指的是赛事举办方要负责的人员伤亡损失，若运动员因伤害而得不到及时救治造成的伤亡属于应急计划不当。

（五）财务风险

体育经营单位经营体育赛事的最终目的是使企业盈利，如果各种不确定性导致体育赛事经营单位的资金收入与支出不匹配，则会导致财务风险。什么原因会导致体育赛事经营单位的财务风险呢？

（1）赛事的营销。举办体育赛事时，经营单位会联系各种供应商、赞助商以及其他协议客户，如果在赛事举办前，这些达成协议的对象不能够正常履行合同义务，那么原计划的收入就无法实现。

（2）银行利率及汇率变化。由于利率、汇率的不确定变动而导致收入减少或支出增大。

（3）门票收入。由于各种原因，门票销售未达预期水平，使得收入减少。

（4）其他。由于一些意想不到的突发事件的发生或比赛所需费用的额外增加等导致支出增大。

体育经营单位需要全面了解体育赛事经营。当我们在承办赛事时，不管其是商业性的还是非商业性的，都希望大家对照这些风险，进行全面考虑和安排，只有这样，才能制定合理的预算，以及周密的计划和应急预案，预防亏损，保证赛事的圆满举办。

三、体育赛事风险管理

（一）体育赛事风险管理的概念

体育赛事风险管理的目的就是使得体育赛事经营单位能够更好地防范和有效地控制风险的发生，所以，体育赛事风险管理是非常有必要的。

所谓体育赛事的风险管理，是指体育经营单位对体育比赛在前期准备和举办过程中的可能存在的风险进行辨别与分析，通过科学的赛事风险管理技术进行各项因素的优化组合，从而对体育比赛过程中可能出现的风险进行有效的管控，以至于能够迅速妥善地处理体育赛事风险所致损失的后果，能够以最低的管理成本获取最大的安全保障，保证体育比赛的顺利进行。

（二）体育赛事风险管理的目标

体育经营单位是进行体育赛事风险管理的主体。体育经营单位风险管理的目标就是能够以最快的速度发现各类致险因素，以最低的成本处置和控制风险的产生，并且防止和减少损失，保障体育赛事及与赛事有关的各项活动能顺利进行。

损前目标是指在风险发生前即做好风险识别、分析、控制和防范措施，最大限度降低风险发生的可能性；损后目标是针对已经发生的风险损失，尽最大努力消除由损失所带来的后果，以期维护赛事运作主体的正常运行。

（三）体育赛事风险管理的程序

体育经营单位在体育赛事风险管理的过程中，需要有规范的处理过程。根据系统论和控制论，体育经营单位进行体育赛事的风险管理一般须经过以下程序（图3-3-2）。

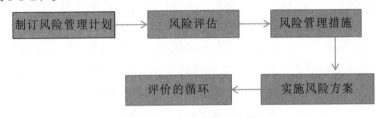

图 3-3-2 体育赛事风险管理

1. 赛事风险管理计划的制订

体育经营单位进行赛事风险管理的第一步就是制订合理的计划。合理的赛事风险管控计划能够有效地规范赛事风险发生后的处置过程，它主要包括以下几点。

（1）管理主体要有清晰的目标，如果赛事风险管理没有明确的风险管理目标，在很大程度上是不可能成功的。所以，体育赛事经营单位在一开始就要权衡风险与收益，表明对风险的态度。

（2）明确风险管理人员的责任。体育赛事经营单位必须要有专门的部门负责风险管理工作，这个部门人员的责任要在制订风险管理计划的时候明确规定。赛事风险管理仅靠一个部门是不可能顺利进行的，需要和其他赛事部门或者外部单位进行合作与交流，其他部门的配合途径也要事先明确，否则，在实践中就有可能导致信息交流不畅、措施执行不严等情况，影响风险管理的效果。

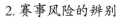

2. 赛事风险的辨别

为了减少和避免体育赛事经营风险的发生，就需要风险管理部门能够准确地识别体育赛事经营中可能出现的风险。识别风险之后，还需要分析风险的成因，为后面风险管理措施的选择提供线索。赛事风险识别可以借鉴以下方法。

（1）结构分解法。结构分解法即将整个体育赛事按照其内容和功能分解为若干相对独立的小单元（划分后才能清楚地认识事物）。从大的方面来讲，体育赛事包括赛事的申办、筹备、举办和赛后工作；从赛事本身来讲，以竞赛日程编排为例，比赛日程的确定包括确定每天比赛日程、每个单元比赛日程和每个时段比赛日程。因此，将庞大的体育赛事分解为一个清晰的结构非常关键。分解后，每个单元相对较小，功能和资源较为简单明了，这样有助于看到其中潜在的问题。

（2）事故树法。事故树由若干节点和连接这些节点的线组成，每个节点表示某一具体事件，而连线则表示事件之间的关系。事故树法利用逻辑思维的规律和形式，从结果分析原因。事故树简单明了，非常形象，其分析结果系统、准确。如果知道各个节点发生的概率，事故树还可以用来进行定量分析。采用事故树法对体育赛事存在的各种风险进行识别，对体育赛事进行风险管理非常重要。这不仅可以全面找出体育赛事存在的各种风险及产生的原因，而且有助于针对各种风险及其原因采取积极、有效的措施，对于体育赛事管理有重要意义。

3. 风险评估

评估风险大小的指标有两个，即损失概率与损失幅度。损失概率是指损失事件发生的可能性，损失幅度是指损失事件一旦发生，所造成损失的程度。如果将损失概率和损失幅度这两个指标绘制在一张图上，就可以综合评价体育赛事风险的高低，见图3-3-3。从图中看出，损失概率和损失幅度均较小的为低风险；损失概率虽然很大，但结果轻微的也可以看作低风险，如球类比赛中运动员互撞；损失概率和损失幅度均较大的则无疑是高风险，如足球比赛中的球迷骚乱；但对于损失概率较小，而损失幅度较大的风险，一般也会视为高风险，如赛事取消，虽然发生概率很小，但后果严重。

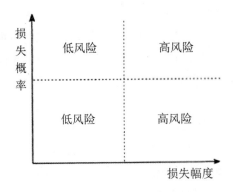

图 3-3-3　体育赛事二维风险评价图

4. 风险管理措施的选择

按照影响的方面不同，体育赛事风险管理的措施可以分为两类：一类为控制型措施，包括风险规避、损失控制和控制型风险转移；另一类为融资型风险，包括风险自留、保险、套期保值和其他合约化风险转移手段。控制型措施着眼于通过降低损失概率事先对风险本身进行改变，融资型措施则着眼于事后的经济补偿（见图 3-3-4）。

图 3-3-4　体育赛事风险管理措施的分类

控制型措施：

（1）风险规避。风险规避是指在考虑到某项活动存在风险损失的可能性较大时，采取主动放弃或加以改变，以避免该项活动相关风险的策略。在筹备体育赛事之前，首先分析该赛事是否存在重大隐患，如果存在重大事故发生的可能性，而重大事故发生后将造成无法挽回的后果，或者赛事举办方不能或不愿意承担相关事故的责任，那么就应该采取风险规避的做法，取消该赛事，或者改变原来赛事的性质，如举办地点、时间等。

（2）损失控制。损失控制在体育赛事风险管理措施中所占的比例最大，它是指通过降低损失概率或者损失程度来减少期望损失成本的各种行为，分别称为损失预防和损失减少，也有一些措施同时具有这两方面的作用，如对安全保卫人员进行培训。再如进行安全检查。安全检查有助于降低风险事件发生的可能性。例如北京奥运会在五棵松、奥林匹克公园等场馆区设置了一个大安保线，在安保线上设置若干个安检表，只要在安检口接受一次安检，就可以进入了。

按照奥运场馆安检通用规则，不许带入奥运场馆的物品包括禁带物品和限带物品两类。禁带物品是指违反中国现行法律法规的物品，安检人员发现后要依法予以收缴。限带物品是指虽然不违反法律，但违反往届管理和本届规定，包括自带的软硬包饮料、横幅标语、大型箱包、操场旗帜和旗标等13类，安检人员发现后，会请携带人自行妥善处理。

此外，还可以进行安全保卫。无论是像奥运会这样的大型赛事，还是一些小型赛事，安全保卫工作一直倍受重视。安全保卫不仅可以及时发现事故的苗头，起到预防损失的作用，而且可以在事故已经发生后，及时进行干涉，避免损失扩大。

（3）控制型风险转移。控制型风险转移指体育经营者通过签署合同等方式将风险尽可能转移给其他组织与个人的方法。其包括两种不同的情况：一是体育经营者同有关责任人员如教练员、医护人员等签署合同，由他们对自己的过失行为所造成的损失负责；二是通过让某项体育活动的参与者签署免除责任协议，使伤害事故的可能受害者放弃追究经营者的法律责任。当在签署这类合同时，一定要遵守相关法律规定。

融资型措施：

（1）风险自留。风险自留是指对风险的自我承担，即企业或单位自我承受风险损害后果的方法。风险自留和保险同为经营单位在发生损失后主要的筹资方式，是一种重要的风险管理手段，在发达国家的大型企业中较为盛行。风险自留是一种融资型风险管理措施，重心是在损失发生后筹集资金来弥补损失，而弥补损失的资金来自风险承担者内部，即赛事举办方。这些资金可以来自日常运作成本，也可以是一笔专用的应急基金，尤其是可能会损失比较大的风险，应急基金就更显得重要。

（2）购买保险。在体育赛事的经营过程中，体育经营单位即便制订了一系列风险计划，对于风险的发生还是不能够完全控制的。根据市场规律，经营风险会一直伴随着整个经营过程，经营单位对于经营风险也不需要紧张和害怕，除了提前做好风险预案之外，还可以利用购买保险来进行风险的转移，从而保护自身的利益。目前在一些重大体育赛事中，保险都是一种转移风险的重要手段。例如北京奥运会，中国人民财产保险股份有限公司为北京奥运会提供了包括奥运综合责任保险、奥运赛事机动车辆保险、奥运财产保险、奥运团体人身意外伤害保险和奥运志愿者保险五大保单，整体保费投入约 3 亿元人民币。

　　体育经营单位可以购买的险种包括财产保险、责任保险、人身保险等。财产保险是指对有形财产的损失及相关利益进行保障的保险，如对赛场设备、器械、场馆等的损失及由此或其他原因导致的赛事取消进行保障的保险。责任保险是对赛事举办方因违反责任而付出的赔偿进行保障的保险。与体育赛事有关的人身保险主要是人身意外伤害保险，是对运动员、裁判员、观众及其他人员因意外事件而遭受身体损伤的保险，保险保障涉及医疗费用、护理费用、全残或部分残疾导致的收入损失等。

　　思考题：

　　（1）简述体育经营风险存在的原因？体育经营活动该如何预防风险？

　　（2）谈谈推广高校篮球超级联赛可能存在的赛事风险。

第四章　体育经营程序、经营思想、经营方针及营销创新

第一节　体育经营程序

一、体育经营单位的经营过程

随着市场经济的发展，体育产业也水涨船高，一步步进入大市场，从事体育经营的部门、公司、企业被称为体育经营单位。体育经营单位将自身所拥有的资源经过宏观调整、组织协调，进行有效的生产经营。其基本过程就是从投入到产出，再由产出反馈给投入的循环过程（图4-1-1）。体育经营过程就是在这样一个系统中进行连续经营的过程，如果产出超出投入，达到预期目标，那么企业将不断发展，反之，则陷入困境，并最终破产。要使产出达到预期目标，就必须对这投入、产出、反馈、转换四个环节进行科学管理，并做好投入产出分析。将这四个过程进一步细化，就得出体育经营的一般程序，也就是体育经营管理的工作流程。

图4-1-1　体育经营管理工作流程

二、体育经营活动的一般程序

所谓程序就是为实现特定目标或解决特定问题，而用计算机语言编写的命令序列的集合。体育经营的一般程序是为了实现体育经营单位的经营目标所规

定的途径。从体育经营单位经营环境进行分析开始，体育经营单位要确定经营思想路线，规划经营方针，制定经营目标，经过详细的市场调研，并且做出数据分析，然后进行经营预测和经营决策，拟定经营计划，从而开展经营活动，最后对经营结果进行分析与总结。以上内容按照上述的顺序，在运行过程中构成了一个不断循环的现代体育经营单位活动的全过程（图4-1-2）。

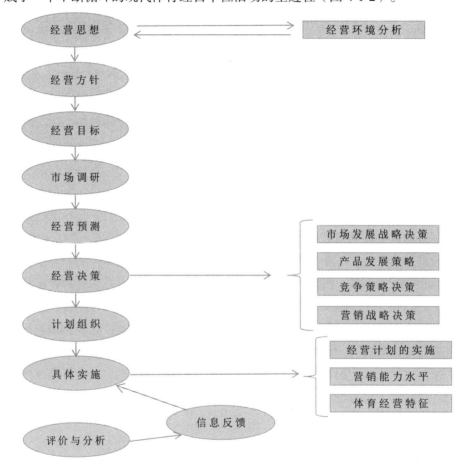

图 4-1-2　体育经营活动的一般程序

该过程可以划分为三个阶段，第一阶段从环境分析到体育经营计划，属于准备阶段。第二阶段为实施阶段，第三阶段为评价控制阶段。一般情况下，工作做得扎实的在第二阶段，但往往忽视另外两个阶段。对于这个问题我们要引起重视。

第二节　体育经营思想

企业的经营思想也称为企业的经营哲学，是指企业在经营活动中对发生的各种关系的认识和态度的总和，是企业从事生产经营活动的基本指导思想，它是由一系列的观念所组成的。这中间包含着各种关系，如经营单位与社会、消费者、竞争对手、员工的各种关系，对各种关系的不同认识，形成了不同的处理这种关系的观点和方法，也就形成了不同的经营思想。例如，品牌战略思想、服务竞争思想、公平竞争思想，等等。

体育企业的经营思想是在一定的社会经济条件下，在体育经营单位经营实践中不断演变而成的指导企业经营的一系列指导观念，它会受到当时的生产力、生产关系和上层建筑等因素的制约。也就是说，体育经营单位的经营思想必须顺应当时的社会经济发展水平、相关的国家政策、法律法规以及人与人、人与社会、人与企业、企业与社会之间的关系。这些制约因素对于所有企业是基本相同的，但事实上，不同企业的经营思想是有差别的，在当今市场经济条件下，体育经营思想具体由以下观念构成。

一、战略观念

战略观念是指管理主体在管理实践中从全局和长远出发，对管理客体和管理过程进行总体谋划的管理观念体系。战略观念来源于管理过程中制定和实施战略的活动，是管理主体对战略的地位、作用反复认识的强化，包括品牌战略、市场定位战略、市场开拓战略、人才战略等。体育经营单位的战略目标的确定，在很大程度上决定了体育企业的生存条件、发展方向和发展规模。因此，现代体育经营单位的经营者应树立正确的战略思想，有效地制定战略、执行战略和评价战略。形成现代体育经营单位特有的战略观念的关键在于体育经营单位最高领导人要有战略头脑。

二、市场观念

市场观念是体育经营单位处理自身与消费者关系的经营思想。消费者需求是企业经营活动的出发点和归宿，是体育经营单位的生存发展之源。经营单位生产什么、生产多少、什么时候生产以及生产的产品以什么方式去满足消费者的基本需求是市场观念的基本内涵。树立市场观念，增强市场意识，要求经营单位应努力做到：

（1）以市场为导向，面向市场、适应市场、紧跟市场；

（2）要创造需求，培育市场，主动开拓并引导市场；

（3）为适应市场和引导市场，应了解市场、研究市场，掌握市场规律，把握市场；

（4）适应全方位、多层次、多功能现代市场的需求，树立大市场的观念。

经营单位要以市场为起点，生产适销对路的产品（以需定产），而不是推销自己已经生产出来的产品，不要把市场作为终点。现代体育经营单位树立市场观念，就是要牢固地树立全心全意为体育消费者服务的思想，要站在体育消费者的立场上，想体育消费者所想，解体育消费者所急，所经营的项目，在种类和价格上应该符合体育消费者的习惯、爱好及经济承受能力，考虑服务方式、服务质量、环境设施、经营时间、经营内容等相关因素，以体育消费者为核心，切实做到科学设计、合理安排，为体育消费者提供良好的服务。

三、创新观念

创新观念是体育经营单位处理现状和变革之间关系的经营思想。经营单位要抓住市场的潜在机会，对经营要素、经营条件和经营组织重新组合，以建立新的经营体系。体育经营单位的创新主要体现在以下三个方面：

（1）技术创新，包括新产品开发、老产品的改造、新技术和新工艺的采用以及新资源的利用；

（2）市场创新，即向新市场的开拓；

（3）组织创新，包括变革原有的组织形式，建立新的经营组织。变革是有风险的，然而不变革也是有风险的，对两种风险的认识和态度是创新观念的本质。

体育经营单位的生命力在于不断地创新。只有坚持不断地创新，企业才能在管理和经营上不断取得进展，才能在竞争、多变的复杂环境中生存与发展。消费者的需求瞬息万变，体育经营单位应以变应变，做到"人无我有，人有我优，任由我新"。创新活动是体育经营单位的生命和源泉，它涉及体育经营单位生产经营的各个方面，如体育经营单位领导人的创新意识、管理和组织形式的创新、经营思想和方针的创新、产品市场的创新、市场营销手段的创新等。人云亦云永远只能步他人后尘，不能抢占先机，因此，要突出特色个性。

四、资本经营观念

资本经营观念就是把体育经营单位的一切生产要素资本化，通过优化配置与流动进行有效经营，以实现资本的最大限度的增值。生产经营主要是靠多产多销赚取更多利润的。而资本经营则主要靠融资、投资、参股、控股、吸收、兼并等，迅速实现企业总价值的扩张。例如，在体育经营单位发展时期，通过什么方式来筹集资金？在发展的各个阶段，应该保持什么样的资本结构（债务资金和自由资金的比例）？当企业有富余资金时，怎样使这些资金保值增值？在所有这些资本运作过程中，如何规避风险（资金安全）？。

五、竞争观念

竞争观念是体育经营单位处理自身与竞争对手之间的关系的经营思想。市场竞争是在市场经济的条件下，各体育经营单位之间为争夺更有利的生产经营地位，从而获得更多的经济利益的斗争。市场竞争具有客观性、排他性、风险性和公平性。体育经营单位对这方面的认识和态度，反映出企业竞争观念的表现方式和强度。在市场经济条件下，体育经营单位之间必然要产生竞争，这是一条客观规律。体育经营单位不仅要树立竞争观念，明确竞争的要素（主要包括品种、质量、价格、服务、信誉），更要掌握竞争取胜的各种策略，如提高核心竞争力。

六、效益观念

效益观念是体育经营单位处理自身投入与产出之间的关系的经营思想。体育经营单位可视为一个资源转换器，以一定的资源投入，经过内部的转移技术，转换出社会和市场所需要的产品。经济效益是产出和投入之比，这个比率越大，经济效益就越好。效益观念的本质就是以较少的投入（资金、人、财、物）带来较大的产出（产量、销售收入和利润）。因此，体育经营单位的效益观念涉及处理好投入、转化和产出的问题，生产适销对路的产品。体育经营单位一切工作的指导思想都要以提高体育经营单位的经济效益和社会效益为中心。效益观念的核心是实用、经济，对社会有利。从这一观念出发，体育经营单位就不宜一律追求最新技术、最优质量、最高利润、最低成本和最优方案，而是要根据社会需要和消费者的利益采用最有效的技术，以较合理的成本，取得较好的利润，在决策过程中寻求最可行的方案。

七、以体为本，多种经营的观念

以体为本，多种经营的观念体现在两个方面：一是最大限度地满足社会对体育劳务或服务产品的需求；二是以副助体。也就是说，体育经营单位在服务于"体育"的前提下，创造条件开展多种经营，以多种经营取得的赢利，来资助体育经营业务的拓展。创业初期可以采用以下思路：第一阶段，资本原始积累，降低风险；第二阶段，品牌塑造；第三阶段，品牌延伸，实现多种经营。

八、社会观念（生态观念）

社会观念是企业处理自身发展与社会发展之间的关系的经营思想。现代企业越来越感到社会责任的重要性，企业之所以能存在，就在于能对社会做出某些贡献。除了生产适销对路的产品外，企业还对生态环境、文化教育事业、社区发展、就业、职工福利和个人发展负有责任。社会观念的本质，就是谋求企业与社会的共同发展，企业为社会做出了贡献，社会的发展又为企业的发展创造了一个良好的外部环境，所以也称为生态平衡观念。推而广之，生态观念是指企业与所有利益相关者互惠互利、共同发展的观念。

第三节　体育经营方针

一、体育经营方针的含义

经营方针是指以企业的经营思想为基础，根据实际情况为企业实现经营目标而提出的一种指导方针。正确地确定企业经营方针，能有效地利用各种资源，有计划地进行基本建设和生产经营活动，实现企业的经营目标。

体育经营方针就是指在体育经营单位的经营思想指导下，处理各种经营活动问题的基本原则与基本纲领，是实现体育经营目标的基本导航，也是体育经营单位经营思想的具体反映。

二、体育经营方针的具体内容

体育经营单位的经营方针可分为全面性经营方针和个别性经营方针两大类。全面性经营方针主要结合体育经营单位的具体情况，全面反映企业的经营方向、产品种类、产品质量与产品价格水平等；个别性经营方针可具体地分为产品、价格、市场方针等。体育经营单位在确定经营方针的时候必须遵循以下内容：第一，要尊重市场经济发展的规律；第二，要结合体育经营单位自身的特点、国家发展水平、消费者消费水平，以及各个合作单位、相关竞争对手的实际情况，综合考虑各种因素后，制定经营方针。此外，体育经营单位制定经营方针时还要考虑以下一些具有战略性质的问题。

（1）经营方向。体育经营单位的经营方向就是要确定目标市场的问题，是面向大众还是面向个别，是面向青少年还是社会人，是面向男性还是女性，是面向城市还是区县等。

（2）产品种类和生产规模。体育经营单位在确定经营方向以后，面临的就是具体生产的问题。在市场需求的情况下，体育经营单位不仅应该考虑生产什么样的产品、年度产量多少，还应该考虑哪些产品需要立马进入市场、哪些应该退出市场等。例如，很多汽车品牌的某一型号在市场上有很大的市场占有率，但是为了使新的型号上市，以及将产品升级，企业往往会推出限量款或者停产。

（3）生产速度、产品质量、产品定价三者之间存在着相互制约的关系。在经营活动过程中，这三个指标都是竞争的重点，体育经营单位应根据自己的特点，突出重点。例如一些高档的体育经营单位，突出优质服务（环境幽雅、设施一流），定价较高，靠质量取胜；而有的体育经营单位在价格上采取低档低价，以薄利多销的方针取胜等。

（4）市场拓展。将新的体育产品打入新的市场，还是保持或放弃原有部分市场，都属于市场占有方针。市场是有限的，但企业提高产品的市场占有率的机会是无限的，怎样才能寻找并更好地抓住这些多但转瞬即逝的机会呢？

当体育经营单位进入市场、拓展市场并巩固市场之后，面临的下一个问题便是，企业怎样通过方法的、技术的、结构的重整，使市场有效地扩张。

（5）为体育消费者服务。体育经营单位向体育消费者提供的产品，在很大程度上是服务，所以为体育消费者服务的质量直接影响到体育经营单位的经营状况。为体育消费者服务的内容很多，如电话订票、网上订票、送票上门、会员优惠、套票优惠、学生优惠等。

经营方针举例：

营业额方针：每年的营业额增长率依照竞争对手的情形及经济指标来制定。

销售商品方针：商品项目通常会超过一万种以上，应制订销售商品结构计划，根据专业店特色及顾客消费习性组织商品结构。

人力资源运用方针：坚持"在质不在量"的原则，用人要用到位的原则。

促销方针：通过"试用"促进销售。

因此，经营方针实际上是为了达成某个项目，而在其行动中应遵循的原则。

第四节　体育经营营销创新

　　什么是体育经营营销创新？简单的理解就是体育经营管理者在经营活动过程中根据市场环境的变化，结合体育经营单位自身的资源条件以及实力，在营销过程中寻求某一方面或者某一系列产品的突破或者改革的过程。营销创新并不是说一定要有新的产品被创造出来，只要是能够适应市场环境的变化，能够不断满足体育消费者的需求，而且不违背市场规律的改革都是成功的营销创新。

一、品牌效应营销手段

　　所谓品牌，有人这样解释："品牌是一种象征，这种象征是复杂的，它是产品或者服务的基本属性，以及消费者对其意义的理解。"

　　体育产品或者服务最根本的属性是为广大消费者服务。自从体育走上产业化道路，产业的增长方式发生了改变，这种改变主要是由数量规模向质量效益转变。在这种转变过程中，品牌效应始终作为一种重要的力量，对体育市场竞争的结果起着重要作用。体育经营单位进行品牌营销可以征服消费者，使消费者成为其粉丝，这样有利于经营单位获取更大的市场份额，也是一种新的竞争态势。

　　体育经营单位如何树立自己的品牌呢？一般有以下步骤。

　　第一，对目前的行业环境进行准确的分析和判断。根据自身在市场竞争中的位置，准确地了解其他竞争对手在消费者心目中的形象与地位，从而找出其弱点，然后根据这种竞争对手的弱势给自己的产品或者服务找一个新的说法或者概念，主要目的就是有利于消费者进行区分。

　　第二，提升自身产品或者服务的品质，打造精品。体育经营单位必须以最优质的服务质量为自己的品牌树立良好的形象。

　　第三，进行持续的整合营销传播。体育经营单位要不断地对自己的品牌进行深度的营销传播，使得自己的品牌形象深深地植入广大消费者的心中，使得自己的营销过程形成具有自身特色的传播体系。

二、营销私人订制化

　　营销私人定制化最主要的就是以消费者为本，使得消费者在整个营销过程中的存在感加强。体育经营单位把注意力从市场份额转移到关注消费者份额上来，努力提升消费者份额的占有率。

体育经营单位通过与消费者的双向沟通交流，详细地了解他们的消费行为和消费习惯，这样有利于经营单位有针对性地进行市场营销，为消费者提供差异化、定制化的服务。

三、体验式营销模式

消费者在消费体育产品或者服务的时候，感知是最直接的体现，所谓体验式营销就是利用消费者的感官、心理、情绪、行为等方面的因素，重新定义、思考的一种新的营销方式。这种营销方式打破了传统理性消费者的假设。消费者在进行体育消费的时候是理性与感性并存的，根据体育产品和服务的特点，消费者的消费过程展现体验感才是研究消费者行为的关键所在。体育经营单位以服务型业务为主，也就是说，只有消费者亲自体验才能与自己对产品的期望有所对比，才能了解不同经营单位之间的差别，从而为自己适合在哪里消费打下基础。

例如，中体倍力健身俱乐部能够在激烈的市场竞争中获得成功，他们的营销秘诀就是体验式营销，主要表现在快乐营销和快乐管理的理念上。一系列的创新营销模式使得消费者能够坚定自己的消费意念，提高消费者对中体倍力健身俱乐部的品牌、产品和服务的忠诚度。

相关链接：海尔企业经营理念

市场理念：只有淡季思想没有淡季市场；绝不对市场说"不"；用户的抱怨是最好的礼物，消费者买的是享受不是商品；以变制变，变中取胜。

竞争理念：浮船法，只要比竞争对手高一筹，半筹也行，就能掌握市场主动权，打价值战不打价格战。

营销理念：先卖信誉，后卖产品。

服务理念：海尔人就是要创造感动，用户永远是对的，你的满意是我们工作的标准。

出口理念：先难后易，首先进入发达国家，创出名牌之后，再以高屋建瓴之势进入发展中国家。

品牌理念：国门之内无名牌，资本是船，品牌是帆。

人才理念：人人是人才，赛马不相马。

质量理念：优秀的产品是优秀的人干出来的，高标准、精细化、零缺陷。

创新理念：创造新市场，创造新生活，市场的难题就是我们创新的课题。

资源论：不在于企业拥有多少资源，而在于利用了多少资源。

思考题：

（1）简述体育经营思想的构成。

（2）简述体育经营活动的一般程序。

（3）查阅相关资料，以某一体育经营单位为例，结合营销创新谈谈体育经营有哪些营销创新。

第五章 体育经营决策和经营战略

小陈是某著名企业的工程师，一次偶然的机会，公司王经理发觉小陈正偷偷地与企业的竞争对手联络，准备跳槽。王经理自然是又惊又怒，公司为了栽培小陈曾花过不少的培训费与培训时间，同时，公司目前的两个重大项目，正由工程师小陈负责，如果小陈去竞争对手公司工作，无疑对王经理的事业打击很大，但如果王经理不开除小陈，心里又难以咽下这口气。那么问题来了：

如果你是王经理，将如何处理这一问题呢？

开动你的脑筋，培养你的管理才能吧。

当你的部下要离开公司时，你首先要做的不是给他提薪，不是给他升官，而是要搞清楚他为什么要离开公司，才能对症下药。一般地，员工离开公司无外乎这几个方面：

（1）对薪水福利不满意，这很好办，给他加薪；

（2）他可能在公司里感到不受重视，和他谈话，搞清楚他想要做什么，并和他讨论他在公司里最适合的工作是什么；

（3）他在公司里与其他人关系很僵，有点难办，调个部门可能不是什么好办法，但值得一试。

第一节 体育经营决策概述

决策理论是第二次世界大战后，在西方发达国家首先产生并逐渐发展起来的。决策理论属于管理学的范畴，对体育经营单位来说，经营决策的正确与否，都将直接关系到体育经营单位的生存与发展。因此，体育经营决策是体育经营管理的首要职能和核心职能，搞好体育经营决策是提高体育经营单位经营管理水平和经济效益的关键。

一、经营决策的概念

对于决策的解释，目前有广义和狭义之分。从狭义来看，所谓决策，就是经营管理者根据经营单位计划来评价和选择优化行动方案的过程。从广义上来说，决策是普遍存在的一种行为，决策是决定的意思，它是为了实现特定的目标，根据客观的可能性，在拥有一定信息和经验的基础上，借助一定的工具、技巧和方法，对影响目标实现的诸因素进行分析、计算和判断选优后，对未来行动做出决定。因此，决策是一种创造性的管理技术，它包括发现问题、确定目标、确定评价标准、方案制定、方案选优和方案实施等过程。对于决策的理解应该从以下几个方面入手。

目标：目标必须清楚。

（1）在选择之前必须有两个及两个以上的备选方案。

（2）可行方案是经营决策者进行决策的依据。

过程：在本质上决策是一个循环过程，贯穿整个管理活动的始终。

主体：管理者。

目的：解决问题或利用机会。

二、体育经营决策的概念

所谓体育经营决策就是指在国家规定的权限范围内，在正确的体育经营思想指导下，为实现体育经营的目标，从两个以上的行动方案中选择一个最佳方案的分析判断过程。这个定义，包含以下五个要点：

其一，体育经营决策必须符合国家的政策法令和权限范围，任何违反有关国家法律、法令、政策及权力范围之外的决策，都是不允许的，也是行不通的。

其二，体育经营决策必须在正确的体育经营思想指导下进行，这样做出的体育经营决策，才能符合社会的需要，同样也有利于体育经营单位的健康发展。

其三，体育经营决策应有明确且合理的目标，这是体育经营决策的出发点和归宿。决策是理性行动的基础，行动是决策的延续，无目标的决策是盲目的行动。

其四，体育经营决策必须有两个以上的备选方案，为寻求体育经营单位某一特定的体育经营目标，从多种方案中通过分析、比较和判断进行择优。

其五，体育经营决策的实质，是为谋求体育经营单位外部环境、内部条件和经营目标的动态平衡而做出的努力。从提出问题、收集信息、确定目标、拟订方案、评价择优，到采取行动、实施反馈等一系列活动，都是为此目标而做出的努力。

三、体育经营决策的基本要素

在体育经营活动中，体育经营决策应该包含以下三个方面的基本要素：第一，体育经营单位需要有想要实现的一定经营的目标；第二，需要有能达到目标的最佳选择方案；第三，需要有必要的准确的信息情报。

体育经营管理最终的目的性体现和反馈就是经营目标。经营目标是体育经营单位开展经营活动应该达到的结果，同时对经营单位行为又起着重要的指导作用。但是，经营单位在制定经营目标时，必须要让经营目标能够被衡量，具有可考核性，这是体育经营管理目标应该具备的一个基本要素。

经营方案的选择是实行经营决策的重要内容和关键步骤之一，这个过程主要包括市场信息的收集、经营目标方案的设计、相关方案的评价等内容。在经营方案拟订过程中要注意三点：一是方案不能单一，必须要设计出多项可用的代替方案；二是要采取定量和定性相结合的方法、技术来评估各种方案；三是要按照经济合理原则来优化行动方案。

在体育经营活动中，信息情报工作贯穿于决策过程的始终。体育经营单位要实行有效的科学决策，就必须有必要的和足够量的信息情报。做好环境信息情报工作是经营者合理确定经营管理目标的必要前提条件和重要依据，也是有效进行方案设计、测评和选择的重要条件。

体育经营决策三个基本要素之间的关系可以有以下理解：经营管理目标是拟订方案的前提和依据，拟订方案是实现和达到目标的基本手段，信息情报是合理确定目标和拟订方案的重要工具，有效确立目标和方案是信息情报工作的目的。

四、体育经营决策的分类

经营决策分类的重点在于了解不同角色与不同决策的对应，不缺位、不越位、不错位。对于经营决策的分类，一般来说，有如下几种方法。

（1）经营战略和战术分类。

根据时间和所解决问题的重要程度划分，经营决策一般可分为战略决策和战术决策两种。前者一般属于长期性的经营决策，一般是指经营方针或者指导思想。战术决策则属于短期性的经营决策。战略决策是确立有关经营单位长期发展方向和大政方针的问题，战略决策包括确定经营单位经营服务方向、产品开发战略和生产规模等，其重点是解决经营单位同外部环境的协调和平衡问题。例如，建一个健身中心，企业的经营目标市场究竟是什么？是平民化的还是高端化的？主要做女性市场，还是主要做男性市场？战术决策是实现战略决策的短期性具体决策，其重点是解决经营单位短期的或日常的体育经营管理问题。例如，具体的营销策略、不同时段的优惠措施等。

（2）高层决策、中层决策和基层决策。

按组织层次和决策者所处管理层次划分，经营决策可分为高层决策、中层决策和基层决策三种。高层决策就是经营单位最高领导层所负责进行的决策，这主要是经营决策，重点是解决经营战略性问题，当然其中也包括部分的重要管理决策。中层决策指的是由经营单位中间管理层所负责进行的决策，这主要是执行性的管理决策。基层决策是基层管理组织所进行的作业性决策，这多属于作业组织和监督控制性决策。

（3）程序化决策和非程序化决策。

按照决策的形态的不同划分，经营决策可分为程序化决策和非程序化决策。程序化决策，相当于例行性决策，它所处理的问题通常为再现性问题。这种决策对经营单位的经营影响较小，但负责实行这种决策的经理人员却需花很多时间，所以制定一定的原则作为处理此类问题的准则是十分必要的。非程序化决策相当于战略决策和经营决策，所解决的问题是未出现过的问题，因此没有解决问题的固定程序和结构，主要依靠决策者的经验、创新精神和判断能力来解决问题。这种分类方法的重要意义是便于了解各种决策所采用的方法。另外需要说明的是，在组织结构上，最高管理阶层负责的是非程序化决策，中级管理阶层则负责程序化决策。

第二节　体育经营决策的原则

体育经营决策是经营单位管理人员的主要职能，体育经营决策应在一定的原则的指导下进行，这有利于提高体育经营决策工作的有效性。在体育经营决策工作中应遵循以下几项原则。

一、适应社会限制原则

体育经营单位的经营决策虽然属于微观性决策，但它必然会涉及社会的政治原则、经济利益、法律规定、道德规范和风俗习惯等。体育经营单位在经营决策工作中，应积极去适应来自社会方面的各种要求，将体育经营单位的发展利益和社会的发展利益结合起来。只有主动适应上述的社会限制，才能做出符合实际的体育经营决策，这种决策在实践上才能行得通。如果体育经营单位的经营决策与社会限制相违背，那么这种决策将是行不通的无效决策，它会给体育经营单位带来严重后果，甚至会把体育经营单位引向绝路。

二、群众路线原则

体育经营决策旨在解决体育经营单位的重大经营问题，这些问题又往往是例外性的问题。解决这种问题，涉及体育经营单位各个方面的工作，需要有内外的各种信息，需要有多方面的知识和经验。决策者在经营决策工作中，应认真贯彻群众路线，采取多种形式和多种渠道，广泛吸收各方面的人员参加，以便集中大家的智慧，提高体育经营决策的有效性。

三、创新原则

体育经营决策要广泛涉及体育经营单位外部环境和内部条件，而这两方面又都是不断变动的，特别是外部环境更具有多变性，因此在体育经营决策工作中，要冲破旧框架、旧习惯、老办法的束缚，以新思想、新方法来设计和选择新的行动方案。

四、可靠性和灵活性相结合的原则

体育经营决策必须具有可靠性，完全没有可靠性的决策是无用的，但是决策是为未来而做的，而未来几乎总是包括不确定性的。另外，即使是有效的决策，那么在确定目标和拟订方案中，也难免有失误。因此在体育经营决策过程中，除努力减少失误、提高决策工作的可靠性外，还应注意决策的灵活性问题。要使所做的决策具有可靠性和灵活性，办法有两个：一是要使决策目标明确；二是要有应急的后备方案。

五、经济技术决策与人事组织决策相结合的原则

做体育经营决策时，要吸引有各种专长的专家和人员参与，这是对的，但另外应该注意的是，要把经济技术决策与人事组织决策结合起来。例如体育经营单位经营方向、方针等革新性的决策，如果委托一个思想保守和抵制变革的人负责执行，那肯定是失败的。因此经济技术决策与人事组织决策相结合，将有利于决策的顺利实施。

六、定量分析与定性分析相结合的原则

没有定量分析，就没有科学的决策。因此在决策工作中，对体育经营目标

和可行方案都要进行定量分析和评价，对一些非定量因素，要尽量做出"概率认定"，使之定量化，以便比较。但是，现代决策理论绝不排斥定性分析，而且非常重视决策者的经验、知识。特别是经营决策所解决的复杂问题，不但需要定性分析，而且需要创造性的思维和判断，这样才能较好地解决问题。定量分析和定性分析相结合，是解决问题的较全面的方法，有利于提高决策的可靠性和科学性。

七、经济效益原则

体育经营决策的根本目的就是提高体育经营单位的经济效益，讲究和重视决策的实效性，这是由体育经营决策的目的决定的，所以，体育经营单位必须讲究和追求体育经营决策的效益性。体育经营决策的经济效益，就是经营决策所引起的产出与其投入之比。在衡量体育经营决策的经济效益时，既要考虑体育经营单位的利益，又要考虑社会的利益。体育经营单位要追求最好的经济效益，但应以不危及社会和其他经营单位的利益为前提。

第三节　体育经营决策程序

体育经营单位的经营决策是一个动态而完整的工作过程，是一个发现问题、分析问题和解决问题的复杂过程，不是一项简单例行性的固定手续。体育经营决策的程序，一般由以下相互联系的若干步骤或阶段所组成，如图 5-3-1 所示。

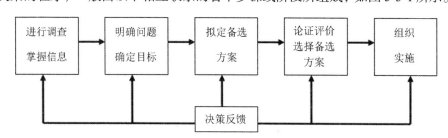

图 5-3-1　体育经营决策程序

一、体育经营环境情况的收集与分析

体育经营决策所需的情况信息，一般可分为体育经营单位外部和内部两个方面。在做体育经营决策时，体育经营单位要注意收集内外情报信息，但应以研究外部为主。在收集情报信息时，应强调以下三点。

第一，情报信息工作要做到及时、准确，要有足够的信息数量。其基本判别标准，就是能够发现经营问题，能够较充分地说明问题的原因、性质、特点、状况及重要程度等。

第二，对所得情报信息认真进行加工和分析研究，为合理确定经营目标奠定基础。

第三，情报的收集和分析，要以体育经营目的和见解为先导，因为我们收集的情报信息，是与体育经营决策直接或间接有关的，如果没有明确的目的和见解，就没有判断情报与决策有无关系的准则和标准，在这种情况下，就无法知道哪些情报是需要的，哪些情报是我们不需要的，因而情报收集和分析就没办法合理地进行。这个阶段的工作任务包括以下几个方面：一是按照群专结合和内外结合原则，组织专门机构的力量开展调研工作；二是对体育经营单位外部的有关状况进行调研；三是对体育经营单位内部状况进行调查分析；四是对体育经营单位内外部状况进行综合分析研究；五是确定和说明经营问题，就是发现和阐明体育经营中存在和需要解决的问题。

二、确定体育经营目标

体育经营决策的第二个步骤和阶段，就是在环境情况分析的基础上，合理设定体育经营单位的体育经营目标。体育经营目标设置得如何及正确与否，对决策的有效性影响甚大。体育经营目标与体育经营单位所面临的环境情况是密切相关的，经营环境情况愈清楚，经营问题就愈明确，体育经营目标就愈能具体化。

体育经营目标就是体育经营单位的经营活动在一定期间要达到和实现的目标，它对体育经营单位的经营活动具有重大指导意义。体育经营目标可分为必达目标和期望目标两种，必达目标就是一定要实现的目标，期望目标是指应努力争取达到的目标。在确定体育经营目标时应特别注意以下几个问题和原则。

（1）体育市场需求和体育经营单位水平相结合原则。体育市场需求，就是指体育市场对某种体育商品的需求程度和需求数量。体育经营单位水平，就是指体育经营单位生产经营某种体育商品的优劣势，即体育经营单位内部经济技术条件的优劣和适应体育市场需求的能力。正确地制定体育经营单位的经营目标，就必须体现和反映体育经营单位的活动及体育经营单位内部条件和外部条件的动态平衡。把体育经营目标建立在社会需要的基础上，这是合理确定体育经营决策目标的一个原则性问题。

社会需要是设立体育经营目标的基本依据，体育经营目标应建立在体育市场需求的基础上。体育市场需求是经常变动的，体育经营单位的条件和能力也是可变的，因此，在实现这两者的均衡过程中，主导方向应是体育经营单位的条件和能力要随外部环境的变化而变化，当然也应防止在体育经营单位基本条件不具备的情况下而盲目决策的现象。

（2）抓关键问题，即"牵牛鼻子"。在确定体育经营决策目标时，要防止芝麻西瓜一起捡、眉毛胡子一把抓的现象，也要防止捡了芝麻丢了西瓜的思维方式和工作方法。只要抓住关键问题，牢牢牵住"牛鼻子"，其他一切问题就能迎刃而解了。

（3）目标要明确，具有可考核性。如果目标不明确，就无法有效地开展方案拟订工作。要使目标具体化和具有可考核性，可以从三方面着手：一是使目标定量化，就是用数字来表示目标；二是不能直接定量化的目标，可用其他的具体指标加以定量化；三是实在无法定量化时，可用陈述的方式，尽可能地把目标描述得具体、详尽、清楚。例如：体育业务在全部业务中的比重；体育业务和其他业务发生冲突时是否无条件优先考虑体育业务、服务于体育、让位于体育等具体指标来进行考核；等等。

（4）体育经营目标要网络化，使其可以落实责任。体育经营目标具有多样性和层次性。所谓目标网络化就是将多样性和层次性有机地协调起来，使其形成一个目标连锁体系。另外，就是在决定目标时要把由哪个部门来承担这些人事组织问题考虑在内，这样做，有利于落实责任，有利于体育经营单位总目标的圆满实现。

三、可行方案的设计

设计可行方案，就是寻求可供选择的对策方案。当确定体育经营目标后，应当根据体育经营目标的要求和有关情报信息去设计、探索、创造各种对策方案，然后再从中筛选出若干能满足目标要求的可行方案。在寻求方案工作中，一般地说，方案越多越好，但也要受到资料、时间、成本等因素的限制。反过来说，方案太少，会缺乏较全面的比较，从而影响决策的合理性。

四、可行方案的评价与分析

设定可行方案之后，应对每个可行方案的预计执行结果进行预测，看其可行性程度如何、费用多少、效果大小、满足体育经营目标的程度及存在哪些问题等。然后综合分析和评估各个可行方案，为选择有效的方案提供依据。

评价方案时可供采用的方法有以下三种。

（1）经验评价法。经验评价法就是专业人员用过去的经验来观察和判定可行方案。这种方法的优点是节约、省时、简便，缺点是带有较强的主观性，用过去的经验来指导未来的行动，这是危险的。

（2）实验法。实验法就是对各个可行方案分别进行试验。有许多决策在用实验方法把行为过程弄清楚以前是定不下来的，所以有人说，保证决策正确的唯一方法，就是去实地试验各种可行方案，看看到底哪个好、哪个劣。

（3）研究分析法。这种方法，首先研究影响目标达成的各种变数、因素及条件之间的关系，其次把影响目标的因素进行分解和分析，最后拟定模型。

五、可行方案的比较和选择

方案比较和选择是决策过程中的一个关键阶段或步骤。正如有的经营管理学所说的，决策就是在数项方案中选择其一，这就是说，决策是一种在若干可行方案中进行的选择，方案评价和方案选择是一个问题的两个方面。如果方案评价工作搞得全面、精确，那么方案选择工作就会变得较为简单，反之，选择工作的难度就比较大。这个阶段的中心课题，就是在评价可行方案的基础上，综合比较各方案的优劣，并根据经济性和合理性原则，选择一个优化的和满意的方案，定为行动方案或执行方案。

体育经营单位的体育经营决策，主要是解决体育经营中战略性的重大问题，这些问题都属涉及面很广的问题。因此，体育经营决策的方案选择问题，有时就变得非常复杂。这里的选择，通常是在多种旗鼓相当、优劣互见的方案中进行的选择。这样有效的选择工作，就对决策者提出了较高的要求：一是要求决策者要有丰富的管理知识和经验；二是要求决策者对决策过程的实际情况要有全面而清晰的了解；三是要求决策者有高度的创新精神；四是要求决策者要善于采用有关评价比较和选择的各种有用方法。

第四节　体育经营决策方法

根据目前的发展水平，体育经营单位经常使用的经营决策方法可以分为两类：一类叫定性决策方法；另一类叫定量决策方法。前者注重决策者本人的经验和思维能力，后者则注重决策问题各因素之间客观存在的数量关系。在具体使用中，两者不能截然分开，必须紧密结合，相辅相成。定量决策中有确定型、风险型和不确定型三种决策方法。以下主要介绍确定型决策方法中的几种。

确定型决策的基本特征是假设事件的各种自然状态是完全肯定而明确的，经过计算可以得到各方案的明确结果。

确定型决策的方法主要有以下几种。

一、直观判断法

直观判断法是指经营管理者凭借已往的知识经验和综合分析能力，结合市场发展基本态势和信息反馈，或依靠群众的智慧和经验进行预测的方法，这是一种传统的预测方法，又称"经验判断"。这也是最原始的分析方法，其准确性相对较差，不适合作为主要的决策性方法。

二、盈亏平衡点法

体育经营单位最常用的方法是盈亏平衡点法。盈亏平衡分析也称为保本分析，它是根据产量（销售量、销售额）、成本和利润三者之间的关系，进行综合分析，掌握盈亏变化规律，指导企业以最小的成本生产出最多的产品，并使企业获取最大利润的经营方案。

盈亏平衡点＝总固定成本÷（单位售价－单位变动成本）

盈亏平衡点也称为保本销量或叫保本销售额。简单地说就是没有亏钱，总收入等于总成本。

从盈亏平衡点公式可以发现，单位售价减掉单位变动成本就是单位利润贡献，表示每卖一个单位的产品有没有钱赚。如果单位售价比单位变动成本大很多，不但变动成本能收回来，固定成本也能收回来，最后就会产生利润。

在开发一个新产品时，从盈亏平衡点可以看出，这个新产品要达到的最低销售量或是最少的销售金额到底是多少，投资才不会发生亏损。

三、ABC 分析法

所谓 ABC 分析法就是根据不同的指标值将产品分为三类（或多类），对每类产品采用不同的管理方法。常用的分类指标包括销售额、销量、产品特点、利润贡献率、库存价值等。帕累托法则，即二八原则，想必大家都不陌生。在库存管理中，ABC 分析法是其中的一个具体应用。

以销售额为例，ABC 分析法的步骤如下：

（1）将商品按销售额从大到小进行排序。

（2）计算各种商品销售额占总销售额的百分比，并进行累计。

（3）按照分类标准，选择断点进行区分。

第五节 体育经营战略

一、体育经营战略的含义

在军事学领域最早出现战略一词，军事学里面的战略是指对战争全局的筹划和指导，它依据敌对双方军事、政治、经济、地理等因素，照顾战争全局的各方面、各阶段之间的关系，规定军事力量的准备和运用。在经济学领域，泛指对市场全局性、高层次的重大问题的筹划和指导等。

对体育经营单位来说，从经营战略的层面看，体育经营单位根据对影响自身发展的各种因素、有利以及不利条件进行考察、评价，以及从有关经济发展全局的各方面出发，确定自身所需要达到的经营目标、所要解决的重点问题、所要经过的阶段，以及实现上述要求所需配置的资源条件和采用的重大策略。战略策略的制定也是体育经营单位能够顺应市场发展的保障。

经营战略是经营单位的高层领导人在符合和保证实现经营单位使命的条件下，在充分利用市场环境中存在的各种机会的基础上，以市场规律为导向，确定自身同环境的关系，规定经营单位从事的业务范围、成长方向和竞争对策，合理地调整经营单位的结构和分配企业的全部资源，从经营单位发展的全局出发，对经营单位发展中带有全局性、长期性和根本性的问题进行总体性谋划的过程。其目的是使经营单位的经营结构、资源配置和经营目标，在可以接受的经营风险限度内，与市场经营环境所提供的各种机会取得动态的平衡，以实现经营目标的最优化。具体来说，体育经营战略有如下含义：

（1）经营单位的经营战略要明确企业的经营目标，包括长期目标与近期目标，确定能够实现经营目标的经营方针、经营程序以及资源分配的优先级。经营战略应该具有超前性、主观性两个特征。

（2）经营单位的经营战略也可以说是一种计策或谋略，是经营单位在市场上为获得永久竞争优势而对外部机会和威胁、自身优势的积极反应。

（3）经营单位的经营战略还是一种定位，即一个企业在市场中所处的位置。

二、体育经营战略的特征

体育经营战略是在分析外部环境和内部条件的基础上，为在竞争中求生存和发展而做出的、长远的谋划与对策，因此它具有如下五个基本特征。

（一）战略具有宏观性、全局性

制定经营战略的目的是经营单位在市场宏观角度下能对长期发展的方向进行把控。制定经营战略是对经营单位全局发展问题的谋划，并不是针对某一局部的具体问题。例如：如何根据一定时期内体育市场需求的变化，积极推出适合体育市场需要的新型体育产品；如何进一步拓展新的体育市场，开展体育经营活动；等等。这些都是关系到体育经营单位整体发展的大问题，都属于战略问题。

（二）持续时间的长久性

经营战略利用战略眼光预估经营单位未来的发展，所以立足点不在当前，而是在未来。战略决策比那些只在近期内起作用的战术活动更具有深远的意义。一个具有战略眼光的体育经营管理者不能只顾眼前的利益，更应重视长远和未来的利益。立足当前，放眼未来，是体育经营战略决策的关键。善于预见未来也是一个成功的体育经营管理者必须具备的素质之一。任何体育经营管理者，都必须摆脱日常事务而集中全力解决体育经营的战略问题，不断修改和调整经营战略。全局性体现空间维度，牵一发而动全身；长期性体现时间维度，体现永久性。

（三）系统性

系统性就是把经营单位各个方面的问题作为一个彼此密切配合的有机联系的系统。因此，就一个体育经营单位内部而言，不能只局限于从某一个技术或经济方面的因素孤立地制定经营战略，而是应该把体育经营战略作为一个多因素、多层次的复杂系统来考虑，追求整体发展效益的最大化和最优化。例如，经营战略中不能只注重市场战略、品牌战略，也应同时注重人才战略、企业文化战略。

（四）灵敏性

由于经营单位的经营活动和效益受外部环境的影响很大，当经营单位的外部环境发生变化时，就应不失时机地做出反应，提出相应的经营战略或策略。经营管理者必须具有"叶落知秋"的洞察能力，善于审时度势，在复杂多变的环境中掌握生存和发展的主动权。

（五）风险性

体育经营管理者的所有体育经营决策都不可能是在信息绝对充分的条件下做出的，市场经济的特点决定了决策都是对未来的预计性决策。市场环境变化的极端复杂性，使得战略机会具有不确定性和瞬时性的特点，很多机会往往转瞬即逝、时不再来，同时，机会与威胁经常处于转化之中。

由此可见，经营单位在制定经营战略时必须承担必要的风险，但这更说明了体育经营战略的重要性。因此要求体育经营管理者，一方面要尽可能掌握足够多的信息，提高预测的准确性；另一方面要不断提高自身的素质，尽可能地避免失误。

三、体育经营单位经营战略的内容体系

（1）战略思想。战略思想在整个经营战略中起到统帅、导向的作用，换句话说，战略思想是经营战略制定和实施的基本思想，它是经营单位领导者和职工群众在生产经营中对各种重大关系和重大问题的认识和态度的总和。

（2）战略目标。战略目标是整个经营战略的战略核心，经营单位最终的经营目标是实现经济效益的最大化。战略目标是指经营单位以战略思想为指导，根据自身条件进行分析，在战略期内努力达到的总目的和应达到的总水平。战略目标是构成战略的核心，正确的战略目标是评价和选择经营战略方案的基本依据。

（3）战略重点。就好像事物的主要矛盾一样，解决问题要抓住主要矛盾。战略重点是指那些对于实现战略目标具有关键性作用的方面，是决策人员实行战略指导的重点。只有明确了战略重点，经营单位实施起来才会有工作中心，这对于实现企业的战略目标有着积极的作用。

（4）战略方针。战略方针是指经营单位为贯彻战略思想，所确定的生产经营活动中应遵循的基本原则、指导规范和行动方略，它起着指导作用。战略方针包括综合性方针和单项性方针、目的性方针和手段性方针。

（5）战略阶段。战略阶段是指根据战略目标的要求，在规定的战略期内划分若干阶段，以便分期去实现总的战略目标的要求。

（6）战略对策（又称经营策略）。战略对策是指为实现战略目标而采取的重要措施和重要手段。战略对策具有阶段性、针对性、灵活性、具体性、多重性等特点。

具体来说，在分析企业的竞争优势（即企业提供的产品和服务以及市场领域具有超过竞争对手的优势）、协同效应（指企业现有产品与市场，同未来的产品与市场相互补充、互相作用的结果，所获得的更大的经济效益）的基础上，应明确产品的市场领域与成长方向（指企业战略应包括对企业发展的方向的选择）。

四、体育经营战略的层次体系

（一）经营单位的经营战略

经营单位的经营战略，可以分成全局性的总体经营战略、局部性的分战略。在每一种战略类型中，分类标准不同，又有不同的战略。下面主要介绍总体经营战略。

总体经营战略，又称公司级或总公司级经营战略，是指在对经营单位内外环境进行深入调查研究的基础上，对市场需求、竞争状况、产品需求、资源供应、经营单位实力、国家政策、社会需求等主要因素进行综合分析后，所确定的统率和指导企业全局和长远发展的谋划和方略。总体经营战略主要包括以下几点。

（1）企业所处的经营态势，经营单位目前是哪一种类型，是增长型、稳定型还是紧缩型。所谓增长型战略是经营单位为了能够在市场上始终拥有较强的竞争力而采取扩大投资、开发新技术、研制新产品、扩大生产规模、开拓新市场等措施和手段的战略。

任何经营单位在市场上的竞争力基本上都是从弱不断变强的，所以，从经营单位的发展角度去研究，每一个成功的经营单位都会经历增长型的战略阶段，因为增长型战略是企业不断扩大规模的有效手段。

增长型战略具有以下特征：

①价格手段并不是处于增长型战略态势的企业所选择的竞争手段，处于增长型战略的企业主要利用市场开发、新产品开发、管理模式创新等同竞争对手抗衡。

②创新是增长型战略企业的发展立足点。这些经营单位常常开发新产品、新市场、新工艺和产品的新用途，以把握更多的发展机会，谋求更大的风险回报，从而获取更大的市场份额。

③经营单位为了适应市场的发展，一般情况下都会利用简单的外部条件来解决问题，采用增长型战略的企业则不同，它主要倾向于通过创造本身并不存在的某物来改变外部环境，并使之适合自身。

（2）经营单位采用什么样的经营方式？是多元化的还是专业化的？

（3）企业竞争的标准（成本领先战略、差异化战略和目标集聚战略）。

（二）经营战略的两种基本模式

1. 集中化增长战略

集中化增长战略包括市场渗透战略、市场开发战略、产品开发战略。

　　市场渗透战略主要指的是经营单位对于目前的市场营销方式组合进行升级和改进，对目前经营单位的消费人群进行再次营销，从而增加销量。例如，很多健身俱乐部都是会员制，他们会在会员到期之前利用提前充值送附加值的方式激励消费者购买。

　　市场开发战略主要的内容就是根据现有的产品或者服务，选择新的目标市场群体，主要目的就是增加市场消费群体，增加销售量，扩大市场份额。例如，很多球馆最忙碌的时间是下午、晚上，那么上午时间段比较空闲，他们会设计上午卡，主要目标就是退休老年人群，这个时间段的产品会非常便宜。

　　产品开发战略主要就是利用新技术研发新产品，一方面用于满足消费者新的需求，另一方面不断扩大经营单位的影响力，从而巩固市场地位。

　　2. 一体化增长战略

　　一体化增长战略是指根据经营单位现有的业务去寻求与该业务有直接联系的市场机会，主要包括横向一体化战略和纵向一体化战略。

　　横向一体化指经营单位现有生产活动的扩展，并由此导致现有产品市场份额的扩大。该类增长可以从三个方向进行：

　　①对经营单位现有的产品进行规模化扩大，同时增加销售量；

　　②对现有产品进行升级更新，例如向与原产品有关的功能或技术方向扩展；

　　③向国际市场扩展或向新的客户类别扩展。

　　实现横向一体化，可以扩大企业同类生产的规模。由于该类增长与原有生产活动有关，比起其他类型的增长更易于实现，故一般来说，经营单位早期的增长多以此为主，且实现的方式以内部增长为主。

　　纵向一体化指经营单位向原生产活动的上游和下游生产阶段扩展。现实中，多数大型企业均有一定程度的纵向一体化。该类扩张使经营单位通过内部的组织和交易方式将不同生产阶段联结起来，以实现交易内部化。例如，在经营体育场馆时，为了避免文娱活动的中介费用，经营单位常常会兼并或者收购演艺经纪公司，这样不仅能保障自身文娱活动的有效供应，还能开辟体育经营的新领域。

　　纵向一体化是经营单位发展到一定阶段所采取的主要扩张战略。经营单位通过横向一体化战略打败竞争对手巩固市场地位之后，便会进入纵向一体化扩张模式，以占领其市场领域。一旦经营单位在一生产部门占据重要地位之后，向多种部门扩张便成为其唯一的增长战略。

五、体育经营战略的四种方式

（一）稳定型战略

所谓稳定型战略是指经营单位采用与以往相同或者相似的经营战略目标，在速度上与以往保持一致，也不改变基础的产品或经营范围，在营销方面采取以守为攻，以安全经营为宗旨，不冒进的一种战略。

经营单位可以在当下市场需求及行业结构稳定，市场中没有更多的竞争者，而且自身发展机会也不多的情况下使用稳定型战略，如果经营单位还存在资金不足等而无法满足增长性战略的问题时，就更需要采用这种战略来抓住新的发展机会。

（二）紧缩型战略

所谓紧缩型战略是指经营单位从当前的战略经营领域撤退的一种经营战略，其根本目的是使经营单位能够避开当前环境的威胁，并迅速地进行自身资源的最优配置，挺过风暴后转向其他的战略选择。紧缩型战略也是一种消极的战略，最明显的特点就是经营单位不可能长期使用紧缩战略。面对市场环境的巨变，经营单位只有采取收缩和撤退的措施，才能抵御竞争对手的进攻。

经营单位在采用紧缩型战略时有哪些选择呢？第一，适应性紧缩战略。经营单位为了更好地适应外界环境变化而采取的一种战略。比如，当经济出现衰退、产业进入衰退期，以及市场需求减少等，经营单位可以采用适应性紧缩战略。第二，失败型紧缩战略。经营单位由于在经营活动中出现策略上的失误，导致经营状况恶化，此时，经营单位不得不采用紧缩型战略来减少损失，保存实力。一般不会使用这种策略，除非经营单位出现重大变故，如财务问题、产品滞销问题等。第三，调整型紧缩战略。经营单位为了在市场中谋求更好的发展机会，获得更大的市场份额，故而将有限的资源分配到更有效的市场使用。所以，调整型紧缩战略的适用条件使经营单位存在一个回报更高的资源配置点。为此，需要比较经营单位当前的业务单位和实施紧缩型战略后的资源投入的业务单位，在存在着较为明显的回报差距的情况下，可以考虑采用调整型紧缩战略。

（三）专业化经营战略

专业化经营战略指经营单位在特定条件下将内部所有资源都集中于同一种产品、同一条生产线、同一市场区域或统一业务领域，以谋求持续生存和发展的战略。体育经营单位实行专业化经营战略有着以下优势。

首先，实行专业化经营战略可以实现经营单位的规模化经济的目标。

其次，经营单位集中统一自主品牌，有利于提升核心竞争力。

（四）多元化经营战略

多元化经营战略是指企业经营不仅仅局限于一种产品或者一类行业，而是实行跨产品、跨行业的经营扩张战略。其主要有产品的多元化、市场的多元化、投资区域的多元化、资本的多元化。例如，目前很多房地产开发公司为了获得更多的市场，加强与政府的合作，通常会以自建体育中心来吸引消费者，提高企业的社会效益。

（1）多元化经营战略的优势。体育经营单位实施多元化经营战略能够使得企业运营多元化，从而有效地分散经营风险，合理地利用资源，达到获得利润的目的。

（2）多元化经营的弊端。由于多元化经营涉及面广、需要投入的资金增加，因此会导致经营单位规模经济的丧失、经营管理费用的增加，还可能出现资金问题。

（3）经营单位要实施多元化经营应具备的条件：第一，经营单位在自身主业上取得了成功，占有稳定的市场份额；第二，所选择的多元化领域符合自身的发展和实际情况且前景光明；第三，经营单位有足够的实力开拓新领域；第四，新领域与经营单位原有经营领域要有关联。

思考题：

（1）简述体育经营决策的基本要素？

（2）国内某体育用品企业想建一条生产线生产一种新产品，年需固定成本 200 万元，单位产品变动成本 90 元，产品单价估计 130 元。该产品年产量多少才能不亏损？

（3）确定体育经营目标时应特别注意那些问题和原则？

以下是经营战略案例。

时尚的运动之花——"特步"的差异化营销之道

在竞争激烈的中国体育用品市场上，中国企业如何杀开一条血路，创出名牌？来自中国鞋都晋江的特步公司通过不懈的努力，成功跨越小作坊时代和海外代工时代，走上了自创品牌的道路，其富有创新精神的差异化营销及成功的经营实践，对于中国成长型企业有着诸多的借鉴意义。

2001 年，经历过多年的代工积累，以及亚洲金融危机风暴的洗礼，特步公司对于国内市场的重要性和经营企业的品牌价值有了更深刻的认识。在充分的分析论证后，特步集团开始将企业资源由海外代工转向国内市场，事实上，此时的国内市场竞争已非常激烈，高端品牌有阿迪达斯、耐克、锐步等国际品牌，特步、安踏、双星属于第二集团的挑战者，中间有李宁、安踏、双星等大众品牌。同时，在三、四线品牌阵营中，又有很多数不清的地域品牌抢食剩余的市场份额。如何生存与进一步发展，问题摆在了特步公司的面前。经过详细的市场调研，特步公司发现，体育用品从金字塔尖向下辐射影响是一个漫长的过程，直接针对后面三大市场，找到一个定位差异点进行产品研发与传播推广，是一个快速建立品牌的有效途径。特步最终定位于时尚运动品牌，顾客年龄区隔在13～25岁之间，通过准确的营销规划，以及差异化营销战略的系统实施，特步在国内体育用品市场逐步开拓出商机。

特步通过科学的市场定位与区隔之后，需要进一步实现顾客感知的区隔与差异化，否则，将和国内众多二、三线品牌一样，流于一种聊以自慰的形式，最终沦为掩耳盗铃之作。特步正通过产品差异化、形象差异化、推广差异化这三大策略，一步步迈向成功之路。特步是国内第一家改变了运动产品的专有属性和冷冰冰的品牌形象的体育用品企业，并根据运动鞋的穿着特点，在行业中独家引进日本技术，让每一双鞋有一股淡淡的香水味，起到祛味、除臭的作用。在保证产品品质的前提下，特步还在产品用色、设计上大胆突破，每年每季均推出自己的主题概念商品，如风火、冷血豪情、刀锋、圣火等，款款个性、时尚，其中的第一代风火鞋创下了120万双的中国单鞋销售奇迹，现在已经发展到第五代。将时尚元素融入产品设计当中，在给顾客带去优良产品品质的同时，满足消费者对时尚、个性的精神渴求。

特步是国内第一个采用娱乐营销的体育用品品牌，这非常符合特步时尚运动品牌的特征。特步以每年450万元的代价与英皇旗下艺人谢霆锋签约，谢霆锋成为特步品牌代言人和形象大使。谢霆锋在年轻人一代中有非凡的号召力，是"X一代"的核心领导人物，其叛逆、个性、时尚集中体现了特步的品牌特征，此后全国各地谢霆锋的忠实歌迷疯抢特步运动鞋，海报、CD、签名画册曾在全国几度断货。在代言人深度配合方面，特步也成立了专案组与英皇紧密配合，实施跟踪推广。谢霆锋到大陆的每一次媒体见面会，都有特步签售会的身影。三年来，在全国20多个主要城市进行声势浩大的推广活动，使特步品牌形象深受特步目标消费群的认可。

特步坚持采取"立体代言"策略，用不同明星的影响力带动目标市场不同个体的需求，最终实现目标市场消费者特征集合营销。谢霆锋成功后，富有青春活力的 TWINS 演唱组合，针对18岁以下顾客有非凡影响力的 BOY'z 组合相继进入特步视线，成为特步品牌代言人。与QQ、动感地带一样，特步用"X一代"来概括目标市场核心特征，建立"X一代"的核心价值观和品牌归属感，用多明星立体代言方式不断扩充"X一代"阵营成员，建立起个性、时尚、特立独行的个性品牌形象。

特步从品牌诞生之日起就占据了传播通路制高点，集中在中央电视台进行品牌推广，抢占强势媒介的话语权，并在招商方面获得极大的成功。随后，特步为产品建设了全国销售网络服务，吸引了大批分销商加入特步连锁系统，特步专卖店在全国范围内也迅速地由省份中心城市辐射到二、三级城市，以及星云密布的中国乡镇。中央五套在特步的选择下，后面紧紧跟随了大批晋江运动鞋品牌，高峰时期，曾有30多个品牌在中央五套投放电视广告，一度被戏称为晋江频道。在市场网络开发成功后，特步减少了中央电视台广告投放力度，开始有针对性地做区域性的媒体投放，包括与湖南卫视《快乐大本营》、《娱乐无极限》、《金鹰之星》，东方卫视《娱乐星天地》、光线传媒等娱乐时尚媒介进行合作推广。

在网站建设方面，特步再一次显示了特立独行的品牌主张。特步网站完全基于品牌极致体验、产品完全体验、X文化社区三大功能架构，整个网站与传统的图片、文字堆砌网站不同，用纯FLASH制作，给消费者耳目一新的体验。特步每年用于网络媒介投资预算达到300万元，并时时更新网站内容，引进新游戏，在门户网站上大力推广，其网站浏览量在运动用品品牌中位居前列，正成为"X新一代"的精神家园。

与此同时，特步实施了品牌的整合营销传播，谢霆锋、TWINS大陆市场推广活动成为特步固定的公关推广资源，并赞助了极限运动、全国三人篮球赛、区域校园三人篮球赛、全国街舞大赛等大型比赛活动。2004年8月，特步（中国）有限公司以1620万元巨资，赞助2005年第十届全运会，成为行业中唯一的合作伙伴，在与目标顾客零距离对话中取得了非常显著的推广效果。

第六章　体育市场

第一节　体育市场概述

体育企业在体育市场上的经营活动，其主要目的就是获得经济效益，促使企业健康发展，但是，体育企业在不断满足体育消费者的需求之外，还需要得到社会的承认，获得社会效益。所以，体育企业需要认真地研究体育市场，分析当前市场带给自己的机会与威胁，从而为企业的经营决策提供依据，生产出满足体育消费者消费需求的产品。也只有这样，体育企业才能在体育市场上立足。

一、市场概念及构成要素

（一）市场的一般概念

从商品经济学的角度去理解，市场属于商品经济，自从出现了社会分工和商品生产，市场也就随之产生。目前，人们对市场的概念从不同的角度出发有不同的认识。例如：

①从经济学的角度出发，市场是商品交换关系、商品交换活动的总和。这个概念有两个核心词，即交换关系和交换活动。商品交换关系反映生产者、经营者和消费者主体之间的经济利益关系，属于生产关系的范畴。商品交换活动主要包含了在哪里进行商品交换、采取什么样的形式交换、附加什么条件等。

②从市场营销学的角度出发，"市场是在一定的时间、地点和条件下，具有一定购买力水平的消费者群体"。该概念强调企业的一切活动都是围绕着如何了解消费者需求和满足消费者需求而开展的。因此市场的核心是消费者而不是企业。

从市场营销学的角度理解此概念有以下重大意义：由卖方市场向买方市场

转变，买卖双方在主导力量上的不同决定了二者在运行方式上的不同；经营理念上的转变——顾客就是上帝。日本一位经营大师提出"售后销售"概念，意思是商家销售的成功在于售后服务，它将商品销售过程延伸到商品使用阶段。这种以服务促销售，实质上就是买方市场条件下的一种重要的非价格竞争形式。

（二）市场的基本要素

通过对市场的相关概念的认识，可以明确，构成一个有实际意义的市场必须具有三个基本要素，即消费者、购买力和购买欲望。市场及其要素的关系可用下列公式表示：

市场＝消费者 × 购买力 × 购买欲望

以上公式表明，对于任何一个市场，以上三个要素共同在发生作用。三个要素缺一不可，互相制约。虽然消费者的数量对市场的影响巨大，但是如果仅仅是消费者多而收入水平很低，市场也不一定景气；相反，另一个市场的购买力很高而消费者数量很少，市场也不能算大；此外，有了较多的人口和较高的购买力，如果不能产生购买商品的欲望，对于生产企业来说，也不能形成一个具有现实意义的市场。

对消费者的理解要从两个角度来理解：现实的和潜在的消费者。开发体育市场或开拓体育市场，就是通过各种营销手段来扩大对体育物质产品和服务产品的现实的、潜在的消费需求。特别地，在体育经营中，牢固抓住现有客户，尽可能将潜在客户转换为现实客户是现代经营管理的一个非常重要的经营理念。其中"牢固抓住现有客户"往往被人们所忽略。许多企业把精力花在不断发展新客户上，而对维护老客户的关系工作不重视，这是一个误区。要记住，抓住一个现有客户所花的成本远远少于发展一个新客户的成本。

二、体育市场的分类

根据研究者不同的视角、研究内容以及市场的特点，市场的分类有很多种。例如：

（1）对于体育经营单位来讲，根据供应商多少、个体产品差异程度、对价格的控制力等，体育市场可划分为完全竞争的体育市场、完全垄断的体育市场、垄断竞争的体育市场和寡头垄断的体育市场四种不同的体育市场类型。

①完全竞争的体育市场，是指体育市场上的竞争很充分，不受到任何干扰的一种市场结构。在众多的体育经营单位中，面对整个体育市场，单独的体育企业规模就相对较小。在整个体育市场中，完全相同的体育产品只有一种，也

没有相似的体育产品，且体育产品之间没有差异，市场信息透明度相对较大。体育企业进入或退出体育市场都比较轻松，没有较多的限制。例如，体育市场中常见的相关培训、健身休闲娱乐、体育旅游等市场属于较为典型的完全竞争的体育市场。

②完全垄断的体育市场，是指独家经营单位生产某种特定产品。特定产品是指那些没有或缺少相近的替代品的产品。完全垄断的体育市场是在体育消费市场中，只有一个体育经营单位的产品满足体育市场需求。例如，我们国家体育总局发行的体育彩票就是属于较为典型的完全垄断的体育市场。

③垄断竞争的体育市场，指在同一体育市场上，体育商品稍有差别而不是完全相同的，体育经营单位在自己体育商品的售卖上是垄断的，但可以在经营地点、营业时间、服务质量、价格水准等方面和其他体育经营单位展开竞争。一般体育市场上的小型乒乓球馆、羽毛球馆、健身健美中心等体育经营单位均属于垄断竞争的体育经营单位。其主要特点有：A.厂商众多；B.互不依存；C.产品差异大，各有特色；D.进入退出壁垒不高，进出容易；E.可以形成产品集团。

④寡头垄断的体育市场。寡头垄断市场是介于完全垄断和垄断竞争之间的一种市场模式，是指某种产品的绝大部分由少数几家大企业控制的市场。寡头垄断的体育市场是指体育市场上少数体育企业垄断了一个体育市场，他们生产和经营相同的体育商品，典型的就是体育竞赛市场中的球类市场。

（2）根据体育消费品与体育生产要素的不同功能，体育市场分为以下三类：体育劳务或服务消费品市场、体育实物消费品市场、体育要素市场。

①体育劳务或服务消费品市场，是指体育工作者向体育消费者提供的各种体育劳务或服务产品的总和。在市场上的存在形式是活的劳动形式，如各种运动竞赛、体育表演、培训、体育场馆服务等。

②体育实物消费品市场，是指体育经营单位或者相关行政部门向体育消费者提供的各种有形的体育产品的市场，如运动服装、运动饮料、运动器材、体育信息产品等。体育实物消费品的特点是，具有同其他实物类产品一样的基本属性，以实物形态存在。

③体育要素市场。体育要素市场是体育在市场中的一种体现，也是体育发展所必不可少的要素，如资金、人才及科学技术等。

（3）根据现代体育市场的结构，体育市场还可以划分为核心市场、中介市场和外围市场。谈到体育产业、市场的分类，要结合分类标准才有意义。

三、体育市场体系的构成及作用

（一）体育市场体系的构成

体育市场体系就是由各类相互联系、相互影响、相互制约的体育市场构成的一个有机统一体，在我国是体育劳务或服务消费品市场、体育实物消费品市场、体育要素市场三个主要体育市场的有机组合。

（二）体育市场体系的作用

体育市场体系的作用是能够协调供给与需求之间的关系，使体育产品的市场供需从无序逐步向有序过渡，以实现体育资源的优化配置，发挥最大的资源效益。

例如，核心市场（对应体育劳务或服务消费品市场）是体育本质功能产生的市场，是本体产业、核心市场。外围市场（对应体育实物消费品市场）是为实现体育本质功能提供支持、保障的市场。中介市场是把两类市场进行有机结合的桥梁。它们之间相互作用，相互促进，相互制约。

因此，要在一个地方开发体育产业，就应研究该地方的体育产业结构、体育市场体系结构。建立一个完备的市场体系是体育市场可持续发展的基础。只有各市场协调发展，才能共同发展，健康发展。

第二节　我国各类体育市场发展概况

一、我国各类体育市场发展阶段的判断

我国体育产业刚刚起步，体育市场体系还不健全。从一般意义上讲，我国已经存在上述各种体育市场，但不同体育市场的发展情况却有很大差异。对投资者来说，了解各类体育市场的成熟度，即现时所处的发展阶段，对做出正确的投资决策至关重要。

美国经济学家罗斯托提出的经济成长理论是一个被许多国家广泛采用、比较成熟和自成体系的理论。该理论把人类社会发展分为六个阶段，即传统社会阶段、为起飞创造前提阶段、起飞阶段、成熟阶段、高额群众消费阶段和追求生活质量阶段（图6-2-1）。其中最关键的是起飞和追求生活质量阶段。按照罗斯托的解释，起飞阶段相当于一国工业化的初期，是一个具有决定意义的转变时期，将保持20～30年的高速经济增长，并使基本经济结构和生产方式发

生剧烈变动。在经过较长时期的经济持续发展之后，经济中已经吸收了技术的先进成果，并有能力生产自己想要的产品，这时便进入"成熟阶段"。随着技术上的成熟，社会的主要注意力从供给转移到需求，从生产转移到消费，越来越多的资源被用于生产高额耐用消费品（如汽车），居民家庭对耐用消费品的购买保证了经济繁荣，这时经济成长便进入高额群众消费阶段。随着高额耐用消费品的普及，其效用会不断递减，人们的收入将不再放到追求耐用消费品方面，而更多地会倾注于教育、休闲、健身和旅游等方面，人们对自身的关爱上升到第一位，开始追求回归自然的生活，即所谓返璞归真，这时便进入追求生活质量阶段。

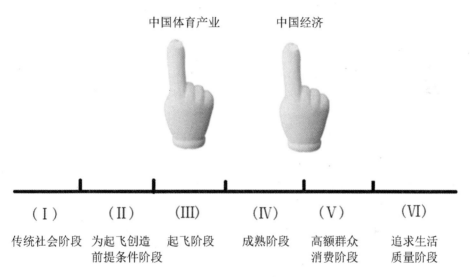

图 6-2-1　经济成长理论的六个阶段

根据我国经济目前的发展阶段，大多数国内经济学家普遍认为，我国经济目前尚处在成熟阶段向高额群众消费阶段过渡的阶段。同时，我国部分城市已经开始从高额群众消费阶段向追求生活质量阶段迈进，比如上海、北京。我国各类体育市场发展阶段情况表明，健身娱乐市场、竞赛表演市场将随着经济的发展，由起飞阶段向成熟阶段发展，并成为体育市场的主要部分，具有很大的发展空间。其余市场将逐步发展，并成为市场的有益补充。

二、我国体育市场发展重点和发展路径的选择

（一）我国体育市场发展重点

根据国外体育市场发展的经验，从各体育市场的关系看，目前我国体育

市场发展重点应是体育实物用品市场、健身娱乐市场、竞赛表演市场和体育中介市场。这样的结构恰好包括了两个核心市场（本体产业）、一个中介市场和一个外围市场，从结构上看是合理的；从逻辑上看，以体为本，又保证了中介市场、外围市场对本体市场的辅助和促进作用。因此，这种战略是正确的、科学的。

（二）我国体育市场发展路径的选择

体育市场发展路径的选择，要根据我国现阶段的社会结构进行。目前，我国社会结构是一个典型的二元结构，体育消费具有社会文明的进步性的特点，要根据经济发展水平、社会文化程度、人们的体育消费意识层次来确定体育产业的发展路径。

目前，我国体育市场的发展应选择以少数首位型城市为核心，以长江三角洲、珠江三角洲和京津地区为先导，以经济快速发展的城市带为重点，以城市带动农村为发展路径。这一战略可分三个层次：核心地区、重点地区和辐射地区（图6-2-2）。

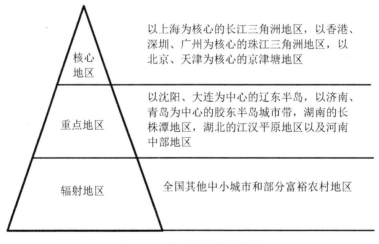

图 6-2-2　体育市场发展战略

第三节　体育市场的特点

一、体育劳务或服务消费品市场的特点

和一般生活资料市场相比较，体育劳务或服务消费品市场具有自己显著的特点。

（一）体育劳务或服务消费品市场具有时间和空间一致性的特点

正常的商品生产过程和消费过程是分开的，生产在前，消费在后，而生产体育劳务或服务产品的劳动过程，也是体育消费者的消费过程。因此，体育劳务或服务产品在时间上和空间上是统一的，即生产与消费在时间上不可分割。所以，体育劳务或服务产品的生产和经营管理者，不仅要考虑体育消费者体育消费需求的数量和质量，而且要考虑到体育消费者在交通和时间上的方便。例如，健身产品的半小时原则，竞赛表演产品1小时原则，以及比赛因时间过了而贬值的规律，如比赛的门票。因此，在门票销售上要注意提前进行宣传，采用多网络点销售的方式。

（二）市场发育的不均衡性

体育消费属于精神消费，人们在满足个人基本的生存消费之后，为了提升生活质量和追求身体健康，开始进行体育消费。因此生产力发展水平以及经济发展水平会直接影响到人们对体育劳务或服务产品的社会需求。例如，在经济较发达的国家或地区，人们对体育劳务或服务产品的市场需求较大；反之，则市场需求相对较小。作为一名体育经营管理者，要根据这一不平衡的特点来开展体育经营管理活动。

（三）时间和季节上的差异性

体育消费者或者体育爱好者参加体育活动是在空闲时间进行的，那么体育劳务或服务产品的市场需求在时间上的差异就很明显。一般来说，时间需求晚上大于白天，节假日大于上班日。

某些体育劳务或服务产品的消费需求和季节、天气有着相互依存的联系。例如，夏天天气炎热，体育消费者对游泳池、水上乐园等消暑型的体育劳务或服务产品需求较大。天气变化也会给体育消费带来不确定的因素。如观看球赛，原来打算到现场观看的，届时正好下雨，也许就不去现场，改为观看电视转播。所以，体育经营管理只有按时段定价，根据气候因素考虑比赛的安排，注意天气预报等才能取得较好的体育经营效益。

（四）地区间的波动性

体育消费者很容易受到外界因素和主观因素的影响，所以不同的地区不同的消费者的体育劳务或服务产品的市场需求存在着较大的波动性，特别是受文化传统的影响十分明显。这种波动现象说明，体育劳务或服务产品的市场需求大小，和一个国家或地区民族的兴趣爱好及社会文化有一定的联系。比如，目

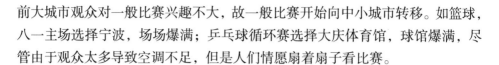

前大城市观众对一般比赛兴趣不大，故一般比赛开始向中小城市转移。如篮球，八一主场选择宁波，场场爆满；乒乓球循环赛选择大庆体育馆，球馆爆满，尽管由于观众太多导致空调不足，但是人们情愿扇着扇子看比赛。

二、体育实物消费品市场的特点

市场调查发现，在体育用品市场中，20%的体育用品真正用于竞技体育活动，80%的体育用品成为人们的休闲娱乐用品。因此，体育休闲用品的开发、生产将成为各大体育用品公司下一步的重点方向。和一般实物消费品相比较，体育实物消费品市场有如下四个特点。

（一）消费者数量庞大

在体育消费过程中，体育实物产品如运动服装、运动器材、运动护具等是体育消费者参加体育活动所必备的和必需的，所以，在体育消费市场上消费者越多，对体育实物消费品的市场需求也就越大，体育经营单位所拥有的市场份额也就越高。这就是要发展健身娱乐市场的经济方面的原因，而社会原因是实现人的全面发展。

（二）消费者需求有差异

大家都知道，体育活动有专业体育和业余体育之分，所以，体育消费者对于体育实物商品的需求和要求也就不尽相同。一般地说，专业的体育实物消费需求较大，业余的体育实物消费需求则相应较小。所以生产厂家一般都会利用体育产品的层次性，差别化开发不同的体育实物消费品，以满足不同的市场需要。

（三）市场需求周期性特点明显

体育运动的兴起一般都会受到体育明星、国家政策推广的影响，因此，一些体育项目也会随着以上因素的影响而风靡某一地区，当某一地区参与体育项目的消费者增加的时候，该地区对这一运动项目器材的需求量相应增加，但是，这种跟风式的需求持续时间不会很长，当激情褪去，市场便恢复正常。当然，有些体育项目跟季节有关，那么相应的体育实物消费品的市场需求也会发生变化，如游泳衣等水上运动装备在夏天的时候需求比较大。还有一些球迷用品，在联赛比赛期间的需求最大，待联赛结束后市场需求则变小。因此，作为体育实物消费品的经营管理者，要善于掌握并抓住市场需求信息，能够在竞争日益激烈的市场中占有自己的市场份额。

（四）体育实物消费品市场的消费者是个人和集团相结合

体育经营单位要获得良好的经济效益以及大量的市场份额，就必须科学谨慎地进行市场调研，准确地细分目标市场。在体育消费者市场上，个人消费较多的是小型运动器材，而一些大型运动器材，特别是场馆器材和专业性较强的体育用品，团体购买者较多。

思考题：

（1）简述体育市场的构成以及各类体育市场的特点？

（2）查阅资料，分析我国目前体育市场存在的问题和不足？

以下是安踏企业的市场营销案例（资料来自百度文库，作者：周彩虹）。

安踏集团为中国领先的体育用品品牌企业之一，主要从事设计、开发、制造和行销安踏品牌运动鞋、服装及配饰。安踏集团专注品牌建设及市场推广，结合多方面的宣传资源，包括体育活动赞助、广告投放、通过互联网与消费者互动及代言人赞助等，并配合重点产品宣传，突显产品差异化。安踏集团的运动鞋市场占有率综合指数更连续七年在中国荣列第一。

作为国内首屈一指的运动品牌，从2001年起，安踏已6年成为中国运动鞋市场综合占有率第一的品牌。一直以来，安踏赞助了众多国内顶级赛事，从CBA职业联赛到全国排球联赛，从CUBA到极限运动，从十运会到乒超联赛，中国顶级赛场上随处可见安踏的影子。通过十多年的发展，安踏已经成长为可以比肩耐克、李宁等的一线运动品牌，"安踏，永不止步"的广告语也已成为国人耳熟能详的安踏品牌传播口号。安踏的体育营销策略也一直为业内所赞赏。

下面我们就主要分析和总结一下它的主要营销策略。

1. 请体育明星代言

1990年代中期，晋江鞋企还以接外单、给国外企业做代工为主，包括安踏。1994年前后，安踏的销售额为几百万元，利润更是小得可怜。在北京看到国内市场空间的丁志忠，觉得安踏应该打造属于自己的品牌，开拓国内市场。为此，他在掌舵之后便立即找广告公司为安踏做企业形象设计。面对耐克、阿迪达斯等国外体育品牌用明星做代言人的做法，丁志忠深受启发，他决定效仿国外做法，聘请一位体育方面的明星为安踏代言，以便迅速打开安踏的品牌知名度。

2. 从广告竞争的同质化另辟蹊径

安踏明星代言广告的成功引发了同城兄弟的竞相模仿，晋江市政府也推动安踏经验在其他企业身上的"复制"，对崛起的名牌进行奖励扶持。一时间，当地兴起一场"造牌"运动，CCTV-5出现了几十个各类明星为晋江鞋企代言的广告，一批知名鞋企，如特步、乔丹、德尔惠、鸿星尔克，由此开始从众多鞋企里脱颖而出。

在广告策略上，安踏开始摆脱借以成名的明星代言模式，转而赞助体育赛事，比如安踏一年为中国篮球联赛提供的赞助费是4000万元。丁志忠认为，与其他一些企业聘请国际明星动辄花费数千万元的代价相比，这显然又是一笔划算的生意。

3.草根文化，打造新旋风

一个品牌的成功运作并不是单纯依靠广告和促销就能成功的，它还要实现从单纯地卖产品到传递一种品牌诉求的跨越，而这一过程也正是由品牌知名度、美誉度向品牌忠诚度提升的完美过渡。这种品牌诉求可以是一种理念，可以是一种消费方式，也可以是一种生活态度，这也正是"即使全世界的可口可乐工厂在一夜间全部被烧毁，可口可乐也能够在一夜间将其重建"的原因。而在品牌建设的新阶段，安踏新的营销方式更令人思索，在商业模式运作的今天，品牌总是与明星代言紧紧地结合在一起，但是今天的安踏却逆势而行之，摒弃了明星代言这一模式，钟情于草根营销，这也掀开了安踏营销的新篇章。

当然，这一品牌诉求不是轻易得出的，安踏为此做了深入调查。调查显示，其消费群主要是14至29岁的年轻人，但是目前在这些消费群中依旧有三亿到五亿的消费者买不起安踏，可是也许他们现在很普通，没有过人的天赋，没有显赫的背景，或者没有雄厚的资金，但他们有着如野草般顽强的生命力，他们怀揣着超凡的梦想，拥有无穷的力量，在一次次的失败面前，他们不屈不挠，通过无尽的汗水、不懈的努力，他们中很多人都实现了由平凡向非凡的飞跃，赢得了应属于自己的尊重和荣耀，而这一部分人必将是未来称霸中国的中坚力量。

4.时机成熟时开始涉足服装领域

有了品牌知名度后，安踏开始打破运动鞋专业制造商的身份界限，2002年开始涉足运动服装领域。安踏的这一举动非常顺利，四五年之后，运动服装贡献的收入与运动鞋不相上下。据一位安踏前高管介绍，2006年，安踏突破两个"千万"：运动鞋销售1000万双，运动服装销售1000万件。值得一提的是，上马服装项目的同时，品牌专卖店这一零售终端概念也被引入，这是安踏发展历程中的重要一步。此前安踏只是在各大综合商场拥有专门的运动鞋销售专柜，随着服装等品种的增加，安踏作为独立的品牌专卖店成为可能。

5. 品牌的打造不单单依靠广告，也要依靠强大的销售渠道

到 2004 年时，安踏全国的专卖店发展到 2000 余家。这一年，为了进一步扩大专卖店数量，安踏采取对经销商让利的政策。短短两年之后，安踏专卖店发展到超过 4000 家，安踏零售网络覆盖到全国各个三级以上城市的主要街道。为安踏打下服装业基础并引入专卖店概念的，是一个叫叶齐的职业经理人。他原是李宁公司运动服装方面的资深经理人，后被丁志忠挖走。2002 年，丁志忠在北京成立了一家新东方体育用品公司，专门从事运动服装营销工作，叶齐任董事总经理，这个公司全部采用职业经理人管理团队。一年以后，因为安踏的策略调整，叶齐告别安踏，但他已经在服装领域和专卖店领域为安踏完成了有益的尝试。

6. 产销分离，以销定产

2002 年的另一个重大事件是，丁志忠在安踏内部实行了产销分离变革。安踏变成一个以销定产的公司，安踏的内部工厂，与给安踏做代工的外部工厂站到同一起跑线上，他们必须以自己的竞争实力来获得安踏的订单。这是一项观念相当超前的变革之举，"直到现在，晋江的很多鞋企也还没有完成产销分离的变革。"一位晋江鞋业的资深人士说。

7. 与渠道商共创顾客价值

安踏在渠道经营上必须找到经销商的利益驱动点，才有可能共同为顾客创造价值。凭借品牌知名度来提升进货价格指标，经销商是不欢迎的。如何通过长远的发展规划来实现企业的利益呢？新的想法出现了：与其提高进货的价格门槛，不如把管理的重担交给经销商，让经销商融入安踏的品牌管理模式中。从店员的培训到对消费者的服务，从专营点的装修到视觉系统的执行，以有形的利益回报来换取品牌无形资产的增值。厂商一体化的结合得到进一步的巩固和加深。

从以上的分析中我们可以看得到，安踏的成功并不是一个偶然。首先，是它的领导层有营销这一概念。他们深知要想开拓市场首先得通过一定的途径影响人们的观念，使人们对你所销售的东西在头脑中形成一个明确的概念，然后再去开拓市场。概念营销是每一个生意人起步时，首先要面对的第一个问题，即你所生产或经营的产品，必须通过一定的手段与途径，让人们认知到它的优点，当人们了解到它给人们的生活带来多大的好处时，他们才有可能购买你的产品或服务。其次，它能够根据市场的变化及时地发现自己营销策略的不足，从而随时有效地改变自己的营销策略，做到以变应变，从而紧紧地抓住市场，抓住消费者。

第七章　体育场馆的经营管理

第一节　体育场馆经营管理的管理模式

大型体育场馆作为国有资产，一切的维护费用基本由国家垫付。随着市场经济的发展，大型体育场馆数量越来越多，为了保证体育场馆的正常运营，减轻国家财政压力，体育场馆的管理体制也在逐渐转型，以适应市场经济的发展。为了使体育场馆能够以体养体，政府对体育场馆的资产管理提出新办法：对于一些有群众基础，有市场需求的大型体育场馆可按照现代企业制度的需求进行改革，利用市场手段实行经营性管理。

我国大型体育场馆要走市场化经营之路，首先面临的最核心问题是所有权与经营权的问题。现代企业管理大型体育场馆，所有权与经营权必须分离，否则改革就很难进行下去。所有权和经营权是一种关于资产权利的社会分工，为了提高资产权利运用的效率，体育行政部门就需要放下经营权，因为在市场经济背景下，一旦法人产权形成，所有者便不能再直接参与各场馆的活动。虽然我国目前不少场馆都已实行市场化运作，但所有权与经营权并不明晰，在体育场馆运营过程中难免会出现权利的争抢和错位。

"所有权与经营权没有分离或者不清晰"仍是当今我国大型体育场馆市场化经营的主要问题。例如，大型赛事在活动结束以后，作为体育行政部门应该把注意力从关注比赛本身也就是为赛事服务转向利用赛事活动进行市场运作上来，这种转变就需要厘清关于所有权和经营权的分离问题，具体又体现在大型体育场馆的不同经营管理模式的采用上。

一、大型体育场馆经营管理常用模式

体育场馆经营管理模式选择的前提应该是能够充分发挥市场在配置资源中

的基础作用，应该尊重市场客观规律，坚定不移地朝着拟定的改革方向前进，根据自身条件选择适合的改革方式，其目的就是在满足社会效益的同时还能够获取更大的经济效益。在模式的选择上一般有以下几种：

要想将大型体育场馆的运营模式进行彻底的改革，那么公司治理模式就是最佳的选择，特别是利用公司的形式进行股份制改造。什么是公司治理模式？公司治理模式是指由经营单位的所有者、董事会和高级管理人员组成的一种组织结构，通过这一结构，所有者将自己的资产交董事会托管，董事会是公司的最高决策机构，拥有对高级管理人员的聘用、奖惩，以及解雇的权利。

根据现阶段的特点，我国大型体育场馆的公司化改造还处于探索阶段，但是已经出现了一种直接借鉴的模式，就是房地产企业从事大型体育场馆的建设或者运营。如涪陵李渡奥体中心、成都龙泉阳光体育城等由上市企业或房产公司所建大型体育场馆基本是按此方式进行市场运作的。公司治理模式在体育场馆市场化运作过程中显示了诸多的合理性，也能够体现社会和市场经济发展的趋势。

二、承包制模式

承包制经营管理模式的前提是体育场馆的所有制性质不改变，利用合同明确权责关系，使得体育场馆所有权与经营权完全分离，承包方和资产拥有方之间签订合同，利用合同约定所有者与经营者之间的责任、权利范围、义务以及利害关系，主要体现在承包人或者其他经营单位按合同书规定，每年向体育场馆所有者也就是体育行政部门交纳一定的租金，并负责体育场馆日常管理和设备维护、维修。但是，承包方必须要满足体育场馆本身应该体现的社会效益，以保证为全民健身和运动训练提供场地服务为前提，对所提供的各种服务可以按照市场要求收费，对场馆原有职工，承包人有选择是否留用的权利。这种经营管理方式，虽然减轻了所有者的负担，提高了场馆的使用率，但承包经营者往往会改变或者丰富大型体育场馆的用途，如可以利用体育场馆进行大型娱乐活动等。

三、租赁模式

在国有资产进入市场化运作的过程中，租赁制经营管理模式也是一种常用模式，这种经营管理模式在产权所有权和经营权上也是需要分离的，但形式有别于承包模式。租赁制经营管理模式是指产权拥有方授权给承租方，将体育场馆有期限地交给承租人经营，承租方向体育行政部门交付租金，并依据合同规定对场馆实行自主经营。也可以采取合作的形式，经营收入除日常支出和负担小型维修外，盈余由所有者与经营者按股份分成。显然，这种经营管理方式，不仅使所有者具有控股的权利，而且降低了经营成本，提高了经营效益，既实现了大型体育场馆的对外开放，满足了广大居民日益增长的体育健身的需要，也提高了职工的待遇和积极性。

四、委托经营管理模式

还有一种模式就是委托经营管理模式，这种模式最大的特点就是场馆所有权与经营权的分离程度较低，也就是场馆所有者，通过一定的方式选派经营者作为大型体育场馆的负责人，代理所有者经营大型体育场馆，所有者不直接参与经营管理。这样可以完全不受经营者的束缚，在资金的使用问题上面，经营者与产权所有者签订合同协议，按照合同要求规定全部收入要上交，经营者没有支出经费的权利，所有者不仅核定场馆的年度支出预算，也下达收入预算项目和收入指标，以加强经费预算管理的计划性。

"委托经营管理模式的前提是不改变大型体育场馆原有的功能，也就是继续为大众体育健身和运动训练、运动竞赛提供场地服务，仅仅是变换了大型体育场馆的经营主体，利用市场规律运营体育场馆，其结果是把新的经营理念和管理方式带进体育场馆的经营活动之中，提高了管理效率，也提高了社会效益和经济效益。委托经营管理是目前大型体育场馆管理体制改革较为现实的选择方式。"

五、合作式经营管理模式

大型体育场馆进入市场化运作的过程，本身就是我国体育场馆改革的探索过程，为了减少在运营过程中的风险，体育行政部门开始选择合作式经营管理模式。这种管理模式主要指的是大型体育场馆产权拥有方（体育行政部门）将自己原有的产权（土地、房屋以及无形资产等）作为筹码，利用这些资本与社会上其他的投资者或者事业主体进行合作，共同开发市场资源获取收益。该模式的特点就是产权拥有方可以利用这种模式整合社会资本和人力资源，借鉴合作方的管理经验，从而降低运营风险。

第二节　体育场馆的无形资产

体育场馆无形资产是体育场馆一项非常重要的业务。无形资产作为体育场馆的重要经营内容，经营管理者需格外重视。体育场馆无形资产具体是指存在于体育运动中的、具有体育特质、受特定主体控制、不具有实物形态、能持续为经营者带来经济效益的资产。

一、体育场馆无形资产的内容

（1）体育场馆管理专利权。体育场馆在自主管理、运营、维修、设计建设等方面开发的并经国家专利机构所认可的体育发明创造，主要表现在体育新产品的开发领域。体育场馆的专利权和非专利权主要是体育场馆经营管理者在经营过程中对于体育场馆的建筑设计、设备更新维护等方面，为了提高效率而展现出的新技术新方法，通过申请专利的形式加以保护。

（2）体育场馆的名称。体育场馆的名称本身就是一种无形资产，由于各种原因体育场馆被赋予了一定的文化内涵，或者因为某一历史事件被广大人民所熟知。例如，为迎接 1972 年夏季奥运会的到来，德国人在慕尼黑西北角的废弃机场上兴建了一座将比赛场馆与湖光山色融为一体的大型体育公园，这种具有广泛群众基础的大型体育场馆能够给经营者带来经济效益。

（3）体育场馆商标权。体育场馆商标权是指由特定的体育主体所拥有的特定称谓、标志、徽记、吉祥物等的专有权与使用权。体育场馆自己的商标不仅可以增加服务的可辨别性，还能够通过自己的经营提升其商标的价值。

（4）体育场馆建筑特色。每一个体育场馆应该是独一无二的，独特的建筑形式有利于展现地方特色和文化，很好地利用建筑特色能产生较好的经济效益。例如，北京鸟巢、水立方、五棵松体育馆等，为奥运会以后的场馆经营起到良好的促进作用。

（5）特许经营权。特许经营权是指体育主体对特定的体育资源所享有的垄断性权利。例如体育场馆可以将体育场馆的命名权、商标权以及经营使用权、特定赛事的举办权与冠名权及其他相关权利授予一定的组织或者个人使用。

（6）体育场馆内体育竞赛表演活动的举办权和经营权，内含冠名权、冠杯权、广告发布权、广播电视转播权等。

（7）体育场馆、设备的租赁权、土地使用权。

二、体育场馆无形资产的特征

体育场馆无形资产除了具有一般无形资产无独立实体、具有明显的排他专有性以及通过商业开发能为拥有者带来持续经济效益的普遍特点外，还具有以下几个典型特征：

（一）与经营业绩和成效成正相关

体育场馆无形资产本身存在一定的价值，通过运营这种价值得以体现。从体育场馆无形资产的价值形成看，体育场馆无形资产的产生和市场价值的大小取决于经营单位业务活动的业绩与成效。因此，经营单位业务成绩越好，那么拥有的无形资产的价值总量、市场开发的潜力以及交易的成功率也越大。

（二）离不开运动竞赛的辅助

体育场馆无形资产中有相当一部分直接依存于运动竞赛，目前运营较常见的就是赛事的冠名权、电视转播权以及会徽、吉祥物等标志的特许使用权等，另一部分即使不直接依存于运动竞赛，也在不同程度上与其有这样或那样的联系，如体育组织、团队商业标志的特许使用权，体育专有技术、体育场馆、设施的租赁权及体育行政部门认定的体育类促销获利因素等。

（三）阶段性特征明显

大型体育赛事的举办权、冠名权、电视转播权以及各类标志的特许使用权一般都有特定时限，超过时限，就如同雨后送伞，不会再有什么商业价值；体育组织、团队的名称、标志的特许使用权，体育专有技术的特许使用权，体育彩票的发行权、经销权，包括体育场馆、设施的租赁权、土地使用权等一般也都有合同规定的使用期限。

三、体育场馆无形资产的管理

体育场馆无形资产的管理实质上是资产所有人对体育场馆无形资产实施财产所有权的管理。所谓财产所有权，是指所有权人在法律规定的范围内对自己的财产享有占有、支配、收益和处分的权利。

体育无形资产管理的主要内容包括以下几个方面：

（1）体育场馆无形资产的产权管理。体育经营者对于体育场馆无形资产的产权管理主要包括固有资产的清查、产权登记统计、了解产权变动情况、对直接占有的体育无形资产实施直接的管理、对非直接占有的体育无形资产实施管理和监督。

（2）体育场馆无形资产的有效处置。在体育场馆运营过程中，体育场馆产权拥有方可以依据管理职能及其实际运营需要，组织体育无形资产转让、出售、拍卖、核销，组织对体育无形资产进行评估、确认，依据法律程序取得运用和管理产权转让的收入等。

（3）经营权和使用权的管理。体育场馆无形资产如何经营以及怎么使用，需要进行规范化的管理，对体育场馆无形资产经营、使用效益实施统计和监督，研究核定体育场馆无形资产的经营方式和管理方式等。

第三节　体育场馆的运营与开发

随着经济全球化的发展，生产力的发展水平越来越高，使得大量生产要素转移到商业、交通运输、通信、公共事业和其他服务性行业和领域，传统的有形产品生产的概念已经不能反映和概括服务业所表现出来的生产形式。因此，随着服务业的兴起，逐步容纳了非制造的服务业领域，不仅包括有形产品的制造，而且包括无形服务的提供。体育产业中体育服务就占很大比例。欧美专家把与生产单位联系在一起的有形产品的生产称为"production"或"manufacturing"，而将提供服务的活动称为"operations"。这两种均称为"运营"，生产管理也就演化为运营管理（operations management）。

开发指的是经营单位将科学技术研究成果，或者未被利用的资源运用于某项计划或设计，生产出新的、具有实质改进的材料、装置、产品、服务等。体育场馆的运营需要经营单位关注体育场馆的开发，这是体育场馆在市场运营中提升效率的基本手段。

一、运营与开发的原则

（一）首要满足社会效益

体育场馆最原始的功能之一就是为人民群众提供体育服务，满足全民健身的需求。所以，即使体育场馆走市场化经营道路，也应该把满足当地群众的体育需求作为首要任务，在满足社会效益的同时实现最优化的经济效益。

（二）以场馆为基础全面发展业务

体育场馆的运营的基本物质条件就是实实在在的体育场馆本身，在经营过程中，除了保证体育场馆基本功能（运动竞赛、运动训练、大众健身等）之外，为了实现经济效益最大化，还需要进一步开拓创新，提供多种多样的服务。

（三）坚持现代市场营销观念

在经济全球化的背景下，体育场馆经营管理者应该按照市场经济的发展规律以及消费者的需求方向，树立以社会、消费者为服务主体的营销观念，做好市场细分，利用市场调研的一线数据对目标市场进行评估。

二、体育场馆运营的内容

体育场馆走市场化道路的目的就是实现以体养体，满足社会效益的同时获取经济效益。体育场馆的运营主要是体育场馆经营管理人员，根据当地的经济发展状况以及当地人们的需求，利用场馆现有的各种资源确定能够服务的项目，并进行有效的运营与管理。具体内容主要有以下几个方面。

（一）场地设施设备的运营管理

体育场地是体育场馆最基本的物质资料，经营管理者需要按照不同项目对场地进行布置、维护、保养等，以保障产品或服务得到可持续的场地供应。

体育场馆设施设备是体育场馆提供服务的重要因素之一，它包含场地设施设备和配套设施设备两大类。为了保证顺利提供服务，需要对设施设备进行独立的管理。

（二）大型活动运营管理

体育场馆能够提供的服务类产品主要是开展各种大型活动，例如，大型赛事、演唱会、大型展览等。这些活动的开展从最开始的筹备到结束后的撤场，都需要有程序化的管理过程，其目的就是使得这些活动能够顺利完成。

（三）环境以及安全管理

大型活动最大的特点就是人多、物品多，所带来的问题是环境破坏和安全隐患。因此，体育场馆在提供服务的时候需要有具体的环境规划、环境绿化、保洁等内容。此外，由于人员、天气、市场环境等因素的不确定性，体育场馆在运营过程中必然会有一定的风险发生，所以对于风险的识别、评判以及防范也需要有具体的方案和措施。

（四）保证消费者的权益

体育场馆服务是在正常的市场经济中运行的，经营管理者应该有基本的法律意识，利用市场准则和相关法律保障消费者的权益，这样对于经营管理者来说也是一种自我保护。

（五）合理地进行资源配置

体育场馆的资源包括供应商、实物资产、无形资产、人力资源、财务等方面，体育场馆在运营过程中，应该经常进行评估与审视，对这些资源进行有效的管理和组合，这是体育场馆各项业务得以顺利进行的重要保障。

三、体育场馆开发的内容

体育场馆经营要想在市场竞争中不被淘汰，需要经营管理者拥有超前的战略思维，仅仅依靠体育场馆原有的业务是远远不够的，需要利用现有资源进行新业务的开发。一般而言，开发的内容包括以下几个方面。

（一）使用率低的场地

体育场馆拥有的场地很多，并不是所有的场地都能够在规定的时间内进行有效的利用的。闲置的场地是一种资源浪费，经营管理者应该根据场地的特点，分析场地的功能是否与现实的需要相符，在对市场调研的基础上对该场地的项目布局、使用功能以及使用模式进行调整。

（二）闲置时间段

不同的人群对于体育运动的时间需求是不一样的，工作日上午体育场馆基本不会被用到，这是一种资源的浪费。经营管理者应该根据体育市场上的潜在目标人员重新拟定新的服务产品，如可以设置专门的老年人活动时间，不同时段使用的价格不等，以吸引消费者。

（三）空间的利用

体育场馆本身就是大型建筑，室内外空间很多，这些空间在视觉上完全可以被利用，例如现在比较流行的就是大型空间广告位的开发与设计，能够给体育场馆的运营带来不错的经济效益。

（四）无形资产的运营

无形资产本身是看不见的，但却是体育场馆拥有的重要资本，如体育场馆的名称（如"水立方"）、标志性建筑（如"鸟巢"）、技术秘诀（包括场馆功能设计、节能减排新技术等）等，这些都可以给体育场馆的运营带来更多的收获。

第四节　体育场馆的投融资

一、投融资的概念

（一）企业投资

企业投资是指经营单位以自有的资产投入，并且自己承担相应的风险，以合法地取得更多的资产或权益的一种经济活动。体育场馆的投资可以理解为：体育场馆特定投资主体为了获取预期收益而将现有的一定资产转化为资本的活动，也就是投资主体进行的一种有目的的体育经济活动或交易行为。经营单位投资从投入到产出，中间有个经营过程，稍有不慎投资将化为流水。因此经营单位投资需要注意客观评估自身条件，量力而行，认真研究投资环境和投资项目，做好市场调查，防止投资失败。

经营单位的投资可分为直接投资和间接投资两种。

所谓直接投资是指把资金直接投放于生产经营环节中，主要目的就是为经营单位设立、购置各种生产经营用资产的投资，以期通过对企业的投资获取投资收益。这种经营单位经营性直接投资，在总的投资中所占比重较大。

间接投资又叫金融投资或证券投资，是指把资金投放于证券等金融性资产，以期获得股利或利息收入的投资。随着我国金融市场的完善和多渠道筹资的形成，企业的间接投资会越来越广泛。

（二）企业融资

企业融资是指经营单位从自身生产经营现状及资金运用情况出发，根据经营单位未来经营与发展策略的需要，通过一定的策略和方式，利用内部积累或向企业的投资者及债权人筹集生产经营所需资金的一种经营活动。资金是经营单位体内的血液，是经营单位进行生产经营活动的必要条件，没有足够的资金，经营单位的生存和发展就没有保障。因此，经营单位融资与资金供给制度、金融市场、金融体制和债信文化有着密切的关系。

二、体育场馆投融资模式

公私合作伙伴关系方式（Public-Private-Partnership，PPP 模式）是政府和私营部门之间的合作方式。这种模式被称为 PPP 模式，它包含了几个方面的含义。从宏观层面来理解，主要是指地方政府或者体育行政部门和经营单位、志愿者为改善体育场馆公共服务而进行的一种正式合作，目的是满足社会效益的需要。根据我们国家的社会特点，PPP模式应是中国特色社会主义市场经济框架下，对体育公共服务领域投融资体制和管理方式上进行的创新。通过PPP模式，政府机关可以解放一些压力，实现更好的市场化运作。此外，政府机构可以更加主动而灵活地运用私营领域的各种优势，但同时又能保持对各项公共服务在质量和水平上的管理和控制。近年来，PPP模式在我国基础设施领域和体育场馆建设中得到了一定的应用。

（一）PPP模式在体育场馆建设中应用的可行性

（1）PPP模式可以有效实现财政资金和民间资本的融合，充分发挥体育场馆的社会效益和经济效益，提高体育场馆公共服务的供给水平，提高体育行政部门的工作效率，满足公众需求。作为体育场馆这样的大型设施来说，政府独立投资存在资金缺乏和效率低的问题，民间投资只追求利润而忽视社会效益，而PPP模式恰好可以联合二者共同建设、共享收益、共担风险，是一种非常有益的探索。

（2）体育场馆尤其是大型体育场馆的建设需要巨额资金的投入，现阶段要想建成完善的综合性体育场馆，如果仅仅依靠政府难免有些力不从心。采用PPP模式建设体育场馆，是比较理想的方式，不仅可以有效缓解政府的财政负担，而且可以借助民间资本，提高体育场馆的后期运营水平。更重要的是，这是适应市场规律发展的有效方式。

（3）资料显示，近几年，我们国家在大型基础设施建设中采用PPP模式比较广泛，也很成功，例如国家体育场、北京五棵松文化体育中心等众多场馆的建设。我国在建设中积累了一定的经验，为我国体育场馆的建设、发展、运营，以及实现体育强国建设奠定了基础。

（4）随着经济全球化的不断发展，人们对体育健身的需求越来越大，而且质量要求越来越高，因此，体育产业的发展必定具有无穷的潜力。体育场馆的运营具有较高的投资回报率，投资者可以借PPP模式介入体育产业的投资和运行，从而在未来分享体育产业所带来的巨大商机，并获得丰厚的投资回报。

（二）PPP模式在体育场馆建设中应用的特点

第一，体育场馆的建设从来都需要大量的资金与资源，根据市场规律，这本身就存在较高的经济风险，而通过民间资本利用PPP模式参与体育场馆建设的风险要高于其他公共服务领域。但是，市场经济的特点就是，在符合市场规律的前提下，高风险也将带来高回报，若民营机构运营成功，则可以获得很大的回报。

第二，目前，我们国家对于体育场馆的改革还不完善，可以说依然处于前期发展探索阶段，在盈利这一块还是比较差的，这是目前的客观现实。通过完善体育场馆配套商业设施来获得投资回报是民间资本的主要投资动力。在体育场馆建设领域的 PPP 模式中，为了吸引民间资本的投资，政府一般都会配套较大面积的商业用地。此外，体育场馆具有聚积人气的功能，可以带动其周边商业配套设施的完善，提高投资者的投资回报率。

相关链接：国家体育场 PPP 模式分析

国家体育场项目是我国首个按 PPP 模式建设的场馆。政府在项目建设上提供资金支持，并承诺出资比例不低于项目总投资的 51%（最终北京市政府出资 20 亿元，占总投资额的 58%），经过项目法人招标，选择中国中信集团联合体为国家体育场项目法人合作方，与政府出资人代表——国资公司共同组建项目公司，负责国家体育场的建设、融资、运营和管理。根据中信集团联合体与北京市人民政府签署的《国家体育场特许权协议》、与北京市国有资产经营有限责任公司签署的《合作经营合同》等合同的约定，北京市政府承诺给予中信联合体 30 年的特许经营期；由北京市政府提供场地规划、土地使用、场地配套设施、资金和政策等条件，由奥组委提出赛事需求和比赛场馆功能性要求；国资公司依据合作经营合同监督项目公司对项目的建设投资和资产维护修理，并拥有对重大事项决策的否决权，同时承诺 30 年内不参与分红；中信集团联合体负责项目的设计、投融资（政府出资以外部分）、建设、运营及移交。（作者根据相关资料整理得来，仅供学习参考用）

三、体育场馆建设投融资模式选择

如何选择体育场馆的投融资模式？在确定体育场馆建设之前，投融资模式是体育管理者必须考虑的问题。对于模式的选择，作为体育场馆经营管理者首先应该明确体育场馆的功能以及在地方的定位，然后结合体育场馆建设形式、类型和对经济发展的重要性以及后期经营难度综合考虑。

（一）建设形式

目前对于体育场馆的建设主要有两种形式。第一，更新、扩展已有的体育场馆，这种形式是指行政部门将一些已建成的大型体育场馆项目转让给民间资本或外资，他们在一定时期内享有专营权，专营期满后将经营权无偿地交还政府。这种形式能够节约资本，风险较小，但是所有权不属于经营者。第二，新建项目形式，这种形式主要有政企合作和企业独自拥有所有权两种形式。

（二）场馆类型和重要程度

随着经济的发展，广大人民群众对于体育的需求进一步增加，全球性的大型赛事也越来越受到关注，因此，现阶段大型体育场馆的兴建主要是为了满足大型体育赛事的需要，比如奥运会、世界杯等大型体育赛事，赛事本身的意义已经远远超过了比赛本身，体育场馆是否达到相关赛事的要求，不仅关乎赛事能否成功举办，对国家的形象也有巨大的影响，是一个国家经济发展水平、文化自信、人文素质、体育水平的重要体现。毫不夸张地说，北京奥运会是目前奥运历史上的巅峰。

（三）经营难度

体育场馆有综合性的，也有专项性的，不同的项目、不同的功能导致体育场馆的投融资难度和赛后经营难度也是不同的，这对场馆投融资模式的选择有很重要的影响。例如，在2016年夏季奥运会、残奥会全部赛事结束的4个月后，巴西里约投入近46亿美元为奥运盛事准备的基础设施正在一点点"分崩离析"。

四、PPP 模式在我国体育场馆建设中存在的问题

PPP 模式在我国体育场馆建设中已得到了一定的应用，在一定程度上促进了我国体育场馆特别是大型体育场馆的建设，提高了体育行政部门的工作效率，但 PPP 模式作为新生事物，各方面还有不足，其在应用中还存在一定的问题，主要表现在以下几个方面。

第一，法律文件等不规范，目前为止，还没有相关的配套法律来约束这种模式的发展。PPP 模式作为一种合同式的投融资方式，需要有一套比较完善的法律法规作为依据和保障，使双方的谈判有章可循且标准规范。但现阶段我国关于 PPP 应用的法律法规不完善，对于 PPP 项目运作过程中的诸多具体问题（如特许授权的形式、特许授权文件与其他合同的关系、项目运作中的风险管理等）均未涉及。

第二，政府的角色很难改变。根据我国国情，公共服务领域长期以来都是以行政部门为主的。要为私营机构通过 PPP 模式参与体育场馆建设提供良好的环境，从政府角度来看，需要做很多事情，尤其是角色的转变。而且，在 PPP 模式中，政府与投资者更多的是一种合作的关系，而非管理者的角色。

五、PPP 模式在我国体育场馆建设中应用的对策

PPP 模式是一种适合市场经济发展的有效模式，鉴于我国当前体育场馆建设应用中存在一些问题，需要进行一些改进。

第一，不断完善与 PPP 模式相配套的法律和法规，保证合作双方在合理合法的环境下进行有效的合作，促进我们国家体育场馆运营事业的发展。完善的法律法规能够明确政府部门与企业在项目设计、融资、运营、管理和维护等各个阶段各自承担的责任和义务，以保护双方的权益。

第二，体育行政部门应加强政策保护与支持。PPP 模式最大的特点是体育行政部门通过给予一定的政策扶持来保证民营资本的收益率，以吸引民营资本的投入。

第三，政府积极地转换角色。要想有效地实施 PPP 模式，必须有政府的大力支持。按照完善社会主义市场经济体制的要求，在国家宏观调控下更好地发挥市场配置资源的决定性作用，最终建立市场引导投资、企业自主决策、银行独立审贷、融资方式多样、中介服务规范、宏观调控有效的新型投资体制。

第四，大力培养体育场馆经营管理人才。PPP 项目能否成功的一个关键因素在于体育场馆后期的运营，而场馆后期的运营需要相应的高质量的专门人才。因此，加强体育场馆经营管理人才的培养也是促进 PPP 模式在体育场馆建设领域应用的一个重要因素。

此外，还应大力发展我国金融市场，并结合体育场馆建设对资金需求的特点及体育场馆预期收益的规律，开发出灵活多样的符合体育场馆建设融资要求的金融产品。

案例分析：体育场馆领导管理方式的思考

小陈是××体育馆馆长，负责体育场馆的所有工作。该体育馆属事业单位，现有正式职工 30 名。职工每天的事情非常多，工作量很大，工作繁杂、分散、零乱。每年半数以上的时间要安排晚班，从而造成了复杂的人员结构（有干部12 名、工人 18 名、临时工 24 名、民工 15 名、基建维修工人 15 名）。该馆每年承办的各类体育竞赛使用场地次数：两个体育馆共 210 场次（半天为一场次），两个室外游泳池共 290 场次（半天为一场次），两个温水游泳馆共 1000 场次（半天为一训练场次）。由于承担约 25 个专业、业余队训练，以及繁重的基建与维修任务，作为体育场馆长肩上的担子是沉重的。

馆长每天的主要工作内容如下：

（1）每天上班首先要分配民工的工作（上午、下午各一次，约 1 小时）；

（2）处理日常事务性工作，布置一天的工作任务，以及参加必要的会议（约2小时）；

（3）检查体育场馆的基建、维修质量（约1小时）；

（4）签发财务收支与进、出实物（半小时）；

（5）到各个场、馆、池检查工作（约1小时）；

（6）其余时间，亲自到体育场馆做具体工作（如守门、收票、打扫卫生、维持秩序）。

思考：

（1）馆长的工作存在什么问题？

（2）作为场馆的主要负责人，他应该如何改进该场馆的组织架构？

相关链接：天河体育中心的成长之路

在天河体育中心的经济收益持续增长之后，天河奥林匹克体育文化圈也提上了日程。近两年来，天河体育中心开始走出前些年因违章建筑、侵占体育用地而备受社会指责的阴影，"还地于民"的同时，坚持"以体为本"，新的发展思路，使天河体育中心实现了经济效益和社会效益双赢。记者近日从广州市体育局获悉，体制改革、观念更新后的天河体育中心，经营效益增长上了"快车道"，去年经营收入超过5000万元人民币，力争到2010年达到8000万到1亿元。

（一）昔日困境："以商养体"迷失自我

1. 功能单一成为经济"包袱"

天河体育中心是为承办1987年第六届全国运动会而由政府投资约3亿元兴建的，占地58万平方米，建有体育场、体育馆、游泳馆三大建筑和二个副馆、一个副场等设施，以后又陆续增建了棒球场、网球场、保龄球馆、健身馆、卡丁车馆和网球馆等一批体育设施，建筑面积共达20万平方米，是全市最大的体育竞技和群众健身场所。

1987年建成的天河体育中心是计划经济时代的产物，当时主要考虑体育竞赛，缺乏全民健身及体育产业开发配套功能，也未考虑多种经营的可能性，功能比较单一，为以后的维护保养留下巨大隐患。建成后的3年内，每年市财政拨款200万元维持其运作，成为政府经济"包袱"。

2. 拨款取消"天体"入不敷出

1991年起，财政全额拨款取消，"天体"的运作陷入困境，当时，"天体"每年场租不足200万元，而1997年仅水电费就高达550万元。

3. 饥不择食舍弃体育"本业"

但天河体育中心毕竟是公共体育场馆。1995 年 5 月 1 日，"天体"按新政策取消了进中心 1 元钱的门票，免费向市民开放，仅此一项，中心一年减少约 40 万元的收入。开放为全天候的免费公园后，进园健身的市民增多，也引来不少社会闲散人员和盲流人员，使清洁、保安等工作量大增，中心日常运作耗资日益增大，不堪重负。

当时全国体育产业市场尚未形成气候，饥不择食的"天体"渐渐舍弃了体育"本业"，装饰公司、证券公司、汽车展销场……非体育商业项目鱼贯而入，号称"以商养体、以商养场"。商业项目、违章建筑大肆侵占公共体育设施，引起市民不满。1999 年春季起，天河体育中心开始"还体于民"，2.6 万多平方米的违章建筑被拆除，中心内 1 万平方米的观赏性草坪改建为可践踏草地，为市民健身提供惬意的草地。

（二）资本运营：3 元门票制收益 400 万

1. "以体为本"，严禁非体项目进场

2002 年 5 月上任的市体育局局长刘江南明确提出了"体育可以为国争光，也可以为国增利"的新观念，指出"体育场馆管理者，应以多办体育竞赛、表演和全民健身活动为己任"。改革强调"以体为本"，严禁非体项目进场，体育本体产业收入占总收入比重不低于 60%。

通过重组资产、机构整合，整个中心形成了统一管理、统一经营的组织架构，克服分散经营造成的"资源浪费、机构重叠、重复建设、零敲碎打、未成规模"的弊端，强调体育本体项目经营。

2003 年，广州市在全国率先召开体育产业工作会议，进一步强化"大体育产业"的观念。天河体育中心经营策略转向集约式的大经营、大运作方式，逐步从以资产经营为主过渡到以资本运营为主。

各个场馆费尽心思"找米下锅"，各场馆全年经营收入大幅度增长，增长率为 6% ～ 10%。2003 年整个中心收入 3700 万元，中心首度实现收支平衡。

2. 篮球城去年创收 420 多万元

天河体育中心篮球俱乐部负责人欧永红最近向记者透露，篮球城原来每年靠承包收取 5 万元租金，2002 年起中心收回经营权统一经营，强化大赛和娱乐体育。2003 年改建了 24 个篮球场，实行 3 元门票制，是全国体育场馆篮球场的最低价，吸引了成千上万的篮球爱好者，海珠、芳村、番禺、从化等区市的青少年篮球发烧友蜂拥而至。2003 年一年就创收了 350 多万元，比 2002 年增

长 200%，成为中心支柱产业。2004 年，篮球俱乐部组织了大小比赛 1000 多场，200～500 人的大比赛共 20 多场；最多的时候有 800 多支球队参加，4000 多人参加比赛，统计显示，2004 年全年服务收入 420 多万元。

但 2003 年天河体育中心 3700 万元的总体收入中，49% 是租赁收入，由于租赁合约签订的年限长，收入增长迟缓，天河体育中心正在寻找新的经济增长点。

3. 年内建成万人体育文化广场，2006 年力争收益 7000 万元

天河体育中心主任杨本培称，2004 年，中心利用国际交流平台、体育本体产业平台、体育文化平台三大平台，通过体育竞赛市场战略、全民健身娱乐战略、体育应用市场战略、体育文化推广战略等几大战略，扭转靠租赁创收的浅薄思路。

2004 年，天河体育中心共举办大型国际、国内及省市高档次赛事 50 多场，是过去每年举办大型赛事的数十倍。按照设想，中心还要求以后每年按一定幅度递增，争取 4 年后每月都有 2～4 项大型赛事。初步统计显示，2004 年中心经营收入超过 5000 万元，体育本体产业收入接近 60%。

按照"天体"经营服务收入目标，2006 年～2008 年，力争每年收入 7000 万元；2008 年～2010 年，利用 2008 年北京奥运会和 2010 年亚运会的良好机遇，力争年收入 8000 万～10000 万元，成为中国体育场馆经营的"航空母舰"。

4. 经济创收"反哺"大众体育

作为公共体育场馆"天体"，追求经营指标，是否还会陷入沾满铜臭味的商业泥潭而忽略了其大众健身的"社会效益"？杨本培斩钉截铁地说："经济创收的一大目标就是通过'反哺'，完善大众体育设施，为市民在天河体育中心健身提供优质的基础条件和高水平高层次的服务，实现经济效益和社会效益双赢。"

按照杨本培的设想，沿天河体育中心周边 3.8 公里拟构建天河奥林匹克体育文化圈，以各类雕塑、植物、绿化带为主，划出露天体育文化区域，搭建体育文化大舞台，给市民一个表演和展示体育和文化艺术的场所。

目前天河体育中心正在申报搭建占地大约 14300 多平方米的"广州体育文化大广场"表演台，表演台分两层，中心舞台 1700 多平方米，下面可容纳观众 10000 多名，估计今年年内可以建成。这个文化大广场和别的舞台不同，主要免费给市民提供体育表演，例如球艺、健身操、太极拳等等，展示市民文化；闲暇时也可以当歌咏表演场。要把天河体育中心建成广州最好、最大的体育公园、竞赛中心和全民健身中心。

第八章 体育赛事的经营管理

从某种意义上讲，体育赛事是体育产业的重要组成部分，自然也就是体育经营单位经营管理的重要内容，因此，做好体育赛事的经营管理，是现代体育经营单位工作的重中之重。

第一节 体育赛事概述

一、体育赛事的含义

关于体育赛事的定义，一般指比较有规模有级别的正规比赛。目前全球规模大、影响力大的体育赛事有世界杯、奥运会、一级方程式赛车等，以及各类洲际体育赛事和各单项体育组织的世锦赛等。国内也有专门的体育赛事直播网站，如新浪、网易、优酷等，每周进行体育赛事直播，还有专门收集国内外乒乓球赛、足球热身赛、南美洲足球比赛等赛事的媒体。

体育赛事是对以体育比赛为核心的一系列活动的总称。从词源上讲，"体育赛事"这一概念来源于欧美国家，对应的英语词汇即"Sport Event"。西方一些较早从事体育研究的学者普遍认为，"体育赛事"是"特殊事件（Special Event）"的一个亚类。因此，本书认为"特殊事件（Special Event）"是最适合的"体育赛事"邻近属概念。

二、体育赛事的分类

根据体育赛事分类依据和分类标准，在划分的时候，依据的是对象的本质属性或显著特征。一般来讲，分类标准就是对象的本质属性或显著特征。另外，在划分当中，还有一种形式是列举，主要是对概念的外延部分进行揭示。要想更好地研究体育赛事，就需要科学划分体育赛事。

一般情况下，体育赛事可划分为三种类型。

（一）超大型赛事

超大型赛事的举办，会对举办城市以及社区整体经济产生影响，并且还会有较大的影响产生于全球范围内和广大媒体范围内，如奥运会、亚运会、全运会等。具体来讲，超大型赛事往往有以下方面的特点：赛事有着较大的规模和较高的水平，有着众多的参与人数和出席人数，有着较广的媒体覆盖面和较高的公共财经参与度，有着十分明确的市场目标。

（二）大型赛事

大型赛事的举办，会导致较大的影响产生于举办城市和社区，还会有较大的经济效益产生，引起诸多媒体的关注，如城市运动会、农民运动会、大型企业运动会等。具体来讲，大型赛事的特点为有着较大的赛事规模和较高的水平，能够受到人们的重视，需要非常复杂的组织，有着较大的市场吸引力和较高的媒体关注度，并且会在较大程度上影响到举办城市的经济、文化以及社会发展等。

（三）一般赛事

一般赛事的举办，产生的效果不亚于较大事件，有一定的新闻报道，并且有一定的经济效益产生，如邀请赛、热身赛、学生运动会等。一般赛事举办频率较高，如果能够良好运作，会产生较大的市场效益，因此受到政府和体育机构的重视。一般赛事往往有着多种多样的形式和规模，灵活性较高，有着较多的参与人员和较强的市场亲和力，并且推广起来没有较大的难度。通过举办一般赛事，可以使举办方获得较大的经济效益。

三、现代体育赛事的特点

现代体育赛事包括国际和国内各种大型赛事，如奥运会、亚运会、世界杯、单项世锦赛等。由于体育经营单位把体育赛事作为重要的经营目标，所以现代体育赛事富含诸多经济意义，主要有以下特点。

（一）规模越来越大、耗资越来越高

随着世界经济的发展，体育运动的发展规模越来越大，特别是自北京奥运会以后，各项体育赛事的联系就越来越密切。单独就体育赛事而言，无论是世界性还是洲际性的比赛，都有一个明显的特点，那就是比赛的项目设置、参与国家或者单位逐步增多。由于赛事的规模扩大，为了使比赛顺利进行，所投入的资金自然也就水涨船高，但是大型赛事所带来的回报也是无法估量的。举办全球性的大型赛事，不仅能够吸引全世界的目光，而且也给举办地的市政建设带来巨大的机会。

（二）体育赛事的经费来源开始与经济实体相结合

为了保证大型体育赛事的顺利进行，耗费大量的资金是不可避免的，而这些耗资单靠国家或者单位是远远不够的，因此，需要依托社会，依托群众，去寻求与大型公司企业合作。如果不这样做，现代大型体育赛事将无法顺利举办。

作为企业，对于大型体育赛事所带来的影响也是心知肚明的，由于大型赛事成为全球瞩目的焦点，所以现代的体育赛事也是非常好的广告媒体。通过体育赛事进行广告宣传，其广告效益也是非常可观的。因此，越来越多的企业、商家也非常乐意赞助相关的大型体育赛事，以借此机会来拓宽自己的市场（表8-1-1）。

表 8-1-1　北京奥运会赞助商名单

第六期 TOP 伙伴	北京奥组委合作伙伴	北京 2008 赞助商	独家供应商	供应商
可口可乐（Coca-Cola）	中国银行	美国联合包裹运送服务公司 UPS（物流和快递服务）	中粮酒业有限公司（长城葡萄酒）	泰山体育产业集团
源讯公司（Atos Origin）	中国网络通信集团公司	海尔集团公司（白色家电）	嘉里粮油(中国)有限公司	英孚商务咨询（上海）有限公司
通用电气（GE）	中国石油化工集团公司	百威啤酒（国际啤酒）	嘉里粮油(中国)私人有限公司（金龙鱼食用油）	北京爱国者理想飞扬教育科技有限公司
联想（Lenovo）	中国移动通信集团公司	内蒙古伊利实业集团股份有限公司（乳制品）	中体产业集团股份有限公司	北京元培世纪翻译有限公司
麦当劳（McDonald's）	大众汽车（中国）投资有限公司	青岛啤酒股份有限公司（啤酒）	北京歌华文化发展集团	奥康集团有限公司
松下（Panasonic）	阿迪达斯（苏州）有限公司	北京燕京啤酒股份有限公司（啤酒）	浙江梦娜针织袜业有限公司	广州立白企业集团有限公司

续表

第六期 TOP 伙伴	北京奥组委 合作伙伴	北京 2008 赞助商	独家供应商	供应商
欧米茄（Omega）	中国国际 航空公司	恒源祥（集团）有 限公司（礼服）	中山华帝燃具股 份有限公司	广州市大 阳摩托车 有限公司
威士（Visa）	中国人保 财险	统一企业（中国） 投资有限公司 （方便面）	北京亚都室内环 保科技有限公司	首都信息
强生（Johnson & Johnson）	国家电网	美国联合包裹运送 服务公司 UPS（物 流和快递服务）	玛氏食品有限公 司（士力架巧 克力）	优派克

（三）体育赛事日益市场化

现代体育赛事的举办，离不开市场的导向，在市场规律的影响下，体育赛事的经营离不开各种市场手段。由于现代大型体育赛事有着规模大、耗资多的特点，政府在体育赛事上的资金投入不断缩减，体育赛事运营管理部门必须充分发挥市场的作用，大力开发体育赛事的经济价值。比如，通过项目融资、土地置换等方式建设和维修体育场馆，以及通过无形资产转让、建立国有体育场馆的公司经营模式等一系列经济活动开拓市场，尽量做到收支平衡，甚至略有盈利。

第二节　体育赛事的经营内容

体育赛事是体育经营单位的主要经营内容，其运营好坏直接影响到赛事的盈亏问题，前面已经阐述，体育赛事举办的经费来自国家补贴和社会筹集，这些远远不够，体育赛事的经营活动还包括以下内容。

一、电视转播权

电视转播权，主要是指举行体育比赛、体育表演时，允许他人进行电视转播，主办方会由此获得报酬的权利。体育赛事的电视转播可以上溯到 20 世纪 50 年代，在工业和经济发达的英国，电视转播被第一次应用于足球。随着电视转播技术的发展和普及，电视转播也推广到其他体育赛事。1984 年奥运会以前，电视转播盈利有限，随着奥运会商业开发力度的加大，奥运会电视转播也带来了丰厚的利润。

体育经营单位出售体育赛事的电视转播权是大型体育赛事市场运作的重要内容之一，当然也是投入资金来源的重要渠道。电视转播权一般属于赛事主办方，出让的形式一般有协商、招标、拍卖等。

相关链接：奥运会电视转播报道权销售概况

1964 年东京奥运会的电视转播权只卖了 150 万美元；1984 年洛杉矶奥运会的电视转播权售价就达到了 2.7 亿美元；1988 年汉城（今称首尔）奥运会的电视转播权卖出 4.03 亿美元；这个数字在 8 年后的亚特兰大翻了一番，达到 8.95 亿美元；2000 年悉尼奥运会的电视转播权出售价格创历史新高，为 13.2 亿美元；2004 年雅典奥运会的电视转播权出售价格再创历史新高，为 14.77 亿美元。自 1995 年起，国际奥委会为了避免市场价格起伏，改单届奥运会电视转播权零星转让为多届"捆绑"出售，取得了更加可观的经济效益。当时仅 2000—2008 年期间的三届夏季奥运会和两届冬季奥运会在美国的转播权，便卖出 35 亿美元的高价。接着，国际奥委会与欧广联及以日本广播协会为主的日本广播公司签署了同样的协议，费用分别为 15.1 亿美元和 5.45 亿美元。

早在 2003 年，2010 年冬奥会和 2012 年夏奥会的主办地尚未确定，但国际奥委会已经将这两届奥运会在美国的电视转播权卖出了 22 亿美元，价格超出以往多达 32%。在 2013—2016 年这个奥运周期，奥运会的转播权收入达到了 41 亿美元，这个数字比上一个奥运周期增长了 7.1%。

20 世纪 90 年代是足球财富高速增长的时期，世界杯电视转播权的销售价格不断增长。1990 年意大利举办世界杯，国际足联出售转播权的收入首次突破了千万美元；2002 年韩日世界杯的电视转播费约 9 亿美元，比 1998 年法国世界杯的 9000 多万美元高出近 10 倍；2006 年德国世界杯电视转播权卖了 14.5 亿美元，比韩日世界杯高出约 20%；2010 年南非世界杯的电视转播权售价更高，估计至少是德国世界杯电视转播权价位的 2 倍，仅卖给英国、法国、意大利、德国和西班牙 5 国的电视转播权，国际足联就开出了 10 亿欧元的天价。

二、门票收入

门票也就是消费者观赛的凭证，即入场券。这是证明票据持有者已经支付费用或者已经获得某种特别的权利的卡片。体育赛事的门票，就是门票持有者享有进入场馆观看欣赏相关赛事的凭证。

为了更好地开发体育赛事门票的市场，体育经营单位会将门票分为很多种。

比如，根据体育赛事的各个阶段可以发售开幕式门票、闭幕式门票等，主要让消费者观看相关演出；还可以根据消费者的消费水平发售普通门票、VIP门票、学生票、老年票等。还有一些系列赛如欧洲冠军杯足球赛发售球迷套餐票、团体票等。门票收入是体育赛事资金的重要来源，也是最原始的获取资金的方式之一。资料显示：2008年北京奥运会门票收入达到1.88亿美元，2014年伦敦奥运会门票收入更是高达9.2亿美元。

三、开发体育赛事的无形资产

无形资产是指企业拥有或者控制的没有实物形态的可辨认非货币性资产。无形资产具有广义和狭义之分，广义的无形资产包括货币资金、应收账款、金融资产、长期股权投资、专利权、商标权等；但是会计学上通常将无形资产作狭义的理解，即专利权、商标权等。

体育赛事本身就是一种无形资产，而且这种无形资产还可以有效地转化成有形资产。体育赛事的无形资产开发形式有很多，如体育赛事的名称（北京奥运会、温布尔登网球公开赛等）、会标、吉祥物（2008年北京奥运会的吉祥物福娃）、文字、图案等。体育赛事无形资产的开发主要是通过赞助商、冠名权等形式进行的。

四、体育赛事纪念品

大型的体育赛事，尤其是具有某种特定意义的比赛，如首届赛等都可以开发设计纪念品。纪念品的形式多种多样，最常见的如邮票、纪念邮折、公交卡、纪念章、吉祥物造型等。

开发体育赛事纪念品可以由竞赛组委会自己经营开发，也可以委托企业开发。出售纪念品也是体育经营单位经营收入的来源之一，如果有固定的经营方，收入还是颇为可观的。

五、体育赛事的广告经营权

广告权有广义和狭义两种：一是通过报纸、杂志、广播、电视等宣传媒介，形象地介绍有关的商品或劳务，普及与商品和劳务有关的知识，传播信息，借以达到刺激消费、扩大商品流通、促进生产、活跃城乡经济、方便人民生活的目的；二是除上述商品广告以外，还包括政党宣言、政府公告、宗教声明、文化通信、教育启事、市政措施、社会救济等。

体育赛事的广告权也是体育赛事获得赞助商的重要途径之一，现代体育赛事的广告形式包括冠名权、比赛场地、服装等空间广告。

六、其他经营活动

体育赛事本来就受到比赛性质、规模、地点等的不同的影响，再加上赛事经营者的经营意识和经营水平也不一样，所以除了一些常规的经营手段之外，经营者还可以根据自身的特点和资源进行富有创意的经营活动，只要是有利于赛事的进行，有利于实现体育赛事的社会效益和经济效益的经营互动都是值得借鉴和推广的。

相关链接：关于奥运火炬营销的"关键之道"分享

首先，我们来看看火炬及相关事件在奥运营销中的地位。

（1）奥运会的火炬标识，在国际奥委会（IOC）的品牌体系中属于二级标志，但却是仅次于当届奥运会LOGO的最重要标志，而其使用主体上的限制比会徽严格。

（2）从事件的影响力来看，火炬接力特别是之前的全球火炬接力，是除了奥运会开幕式之外最具有影响力和参与度的事件，也是奥运会品牌最成功的延伸使用——成为当地城市节日以及民众的荣耀。

（3）从赞助权益的开放来看，其权益属于IOC，也就是只有顶级赞助商才能用。

其次，按照关键之道独创的"4Keys"理论模型，我们来看看有哪些场景机会。（注意以下问题是我们的启发性思考，而非结论）

火炬创意征集：由于每届奥运会的"独一无二"性，必然要求每届奥运会在火炬方面都要有创新。所以这是一个对于工业设计方面有追求的赞助商（甚至非赞助商）有意义的地方，哪怕仅仅是入围最后的评选，也是莫大的荣耀。特别是今天从"中国制造"迈向"中国智造"的中国民族品牌，更应该在2022年的舞台上有更多的身影。当年的联想就做得很好，成功地从三星、可口可乐那里抢到了全世界的注意力。

火炬景观及相关材料：在奥运可持续发展理念及景观工程里，有没有一些创新的材料，或者类似的故事内容可以同样出现在我们赞助商的产品中。（如新能源领域中火炬元素的应用，2008年北京奥运祥云在联想电脑的各类产品上的应用）

火炬接力的事件营销：如何选拔、包装火炬手，将其人物故事、奥林匹克精神及赞助品融合起来，这是最有价值的"头脑风暴"限制性条件。

最后，在现在的媒体环境下，我们有什么激活手段来进一步放大这个"稀有权益"。

数字营销手段是排在第一位的，因为参与性是最有价值的，一定不要停留在所谓的"几十亿"媒体剪报曝光上了，这已经是过时的KPI思维。

特别事件策划是第二位的，一定要努力把火炬融入你的想法中，成为你的品牌沟通工具，那么围绕着它的特别事件策划就是逻辑起点。

第三节　体育赛事经营管理的一般方法

体育赛事的经营管理一般方法是指体育经营单位实施体育经营活动以及销售体育赛事服务的基本方法与手段。一般来说，主要包含以下几个方面。

一、建立科学的管理体制

管理体制是指管理系统的结构和组成方式，即采用怎样的组织形式以及如何将这些组织形式结合成为一个合理的有机系统，并以怎样的手段、方法来实现管理的任务和目的。所以科学的管理体制应该包含科学的组织结构、提高经营组织的均衡发展能力及赛事管理质量。

（一）科学的组织结构

现代大型的体育赛事基本上都是盈利性质的，在满足社会效益的同时尽量提升经济效益。由于大型赛事的资金大多数来自社会赞助和集资，所以赛事经营管理的组织机构是矩阵结构，其目的就是改进直线式职能模式横向联系差、缺乏弹性的缺点，以此提高经营效率和工作效率。它把按照职能划分的部门与按照项目划分的小组结合起来组成矩阵，使得小组成员能够受到小组和职能部门的双重领导。

（二）提高经营组织的均衡发展能力

体育经营单位的生存与发展要依靠各个部门的竞争与合作，所以每一个体育经营单位都必须尽力维护内部成员的经济和竞争实力，保持组织内部的均衡发展，从而不至于使整个经营单位发展不协调。

（三）提高赛事管理质量

体育赛事经营单位要运营整个赛事，前提是要保证体育赛事正常进行，保证体育比赛公平公正公开地实施，使运动员能够创造优异的比赛成绩，提高比赛的观赏度。

二、加强体育赛事的有效宣传

体育经营单位通过组织体育赛事为广大消费者提供服务，体育赛事作为体育经营单位的商品，和其他商品一样，需要被广大消费者所了解，所以，体育经营单位需要广泛宣传相关的体育赛事，获得社会的理解，吸引社会的关注，从而获得市场。

三、注重体育赛事与社会文化的融合

体育作为重要的文化载体和文化传播窗口，自身就具有独特的文化价值和文化作用。体育作为一种社会文化活动，不论是观看比赛还是亲自参与体育运动，人们都能从中得到美的享受，都能从中来满足精神文化需求。而文化对体育赛事的渗透是综合的、全方位的，它贯穿于体育赛事的各个环节之中，体育赛事与多种文化形式的结合，又极大地丰富了文化的内涵。

四、打造精品赛事

品牌简单地讲是指消费者对产品及产品系列的认知程度。品牌是人们对一个企业及其产品、售后服务、文化价值的一种评价和认知，是一种信任。从这个意义来看，品牌具有很高的经济价值。经营者应该具备品牌的战略意识，要精心设计品牌赛事的标志，同时对经营的相关赛事进行准确的市场定位。比如，北京马拉松是经国际田径联合会（IAAF）认证，国际马拉松和公路跑协会（AIMS）备案的国际田联金标赛事，由中国田径协会、北京市体育局和中央电视台联合主办，中奥路跑体育管理有限公司、北京市体育竞赛管理中心承办的中国最高水平马拉松赛，自2008年起连续六年获得国际田联路跑金标赛事的殊荣。

相关链接：奥运史上经典的品牌赞助商案例

（1）阿迪达斯：让奥运成为品牌的DNA

在所有的奥运赞助商里，阿迪达斯至少创造了两个之最：赞助了最多的运动员和最多的运动队。对于这家老牌体育用品公司来说，奥运就像DNA一样融入品牌里面。从1920年诞生到现在，阿迪达斯几乎从没有与奥运擦肩而过。

阿迪达斯最初参与奥运营销颇具传奇色彩。1928年，阿迪·达斯勒得知荷兰阿姆斯特丹奥运会的消息之后，就带上手工缝制的样品鞋来到了阿姆斯特丹进行推销。当时他的想法很简单：只要有足够多的运动员在奥运会上穿他的鞋子，凭借"阿迪达斯"鞋的品质，就会使全世界的人肯定他的产品。这位年轻的作坊主成功了！在他的努力游说下，阿迪达斯跑鞋终于成为这届奥运会的比赛用鞋，并和奥运会运动员一起被人们津津乐道。

8年以后，阿迪达斯抓住奥运会在本土柏林举行的机会，进行了一次后来载入奥运营销史册的经典传播。柏林奥运会举行前，阿迪找到极有希望夺冠的美国著名短跑运动员杰西·欧文斯，全力建议他试穿阿迪达斯钉鞋。这一次试穿，让欧文斯如获至宝。最后，他穿着阿迪达斯的钉鞋连夺四枚奥运金牌，让全世界为之震惊，阿迪达斯也因此名扬五大洲。

（2）GE：一站式服务

在很多人眼里，GE是"一只业务极其复杂的怪兽"。除了行家，几乎没有几个人能说得清楚GE是做什么的。当年爱迪生发明灯泡的那个公司，现在已经包括了能源、基础建设、医疗、运输、金融、保险等多重业务领域。在12家北京奥运会TOP赞助商中，GE涉及赞助产品和服务覆盖范围也是最广的。

如何避免由于赞助产品及服务类别太多，而导致的"品牌认知散化"效应？又如何避免类似"一个客户某一天接待好几批GE销售人员，因为大家卖的是GE不同的产品"而造成的困扰？

经过雅典、都灵奥运会的摸索实践，GE创立了跨部门的"Enterprise selling（公司整合销售）"模式，即GE提供全面解决方案，而不是单卖某个具体的产品，俗称一站式服务。这种模式在北京奥运会时更被GE发扬光大。

按照"一张面孔面对客户"的思路，北京奥运会前，GE公司从全世界调集大批优秀员工，专门设置了提供一站式服务的"奥运小组"。GE首席营销官亲自披甲上阵，担任"奥运小组"的负责人，负责全部的奥运品牌和业务推广项目，该小组还专门设立了一位负责奥运相关跨业务销售项目的总经理，负责和各个相关事业部之间的沟通。这个小组是GE内部唯一一个按照客户和业主的要求来运营的机构。

这种整合营销让GE在一些奥运场馆和基础设施竞标中的中标率高达60%，先后签约了400个北京奥运建设项目，涉及基础设施建设、电力、照明、安防、水处理和医疗等多个领域。

据悉，GE"企业整合行销"团队在奥运会之后并不会解散，而是投入2010年的上海世博会、广州亚运会等其他大项目中。

（3）三星："罗马不是一天建成的"

不少人都认为，1988年的汉城奥运会成就了三星。毋庸置疑，这届奥运会给三星提供了一个露脸的机会，但三星今天的辉煌，绝不是仅仅靠一次汉城奥运会便一蹴而就的。

一位三星高级负责人在谈到奥运营销时说："体育营销和奥运营销必须要耐心，而且需要持续投入——'罗马不是一天建成的'。总有一天，你的投入会得到回报。如果想短期见效，我觉得不是最好的策略。我们一直坚持长期战略。"

汉城奥运会时，三星只是一个本土赞助商，直到近10年后，它才正式加入"TOP俱乐部"，而且是钻了老对手摩托罗拉的空子。1997年，因为在赞助费用上存在分歧，无线通信设备领域原合作伙伴摩托罗拉与国际奥委会的谈判不欢而散。于是，三星抓住这一良机迅速上位，通过连续三天24小时的谈判，与国际奥委会达成了TOP赞助协议。三星做出这一决定时，企业乃至整个国家正面临金融危机，但为了改变自己"三流品牌"的形象，并迅速走向国际市场，三星义无反顾地选择了增加营销预算为TOP计划买单。至今，这家韩国企业先后赞助了长野、悉尼、盐湖城、雅典、都灵和北京奥运会。

事实证明，三星的选择是对的。2003年，三星取代摩托罗拉，坐上了全球移动通信市场亚军的宝座。2004年，也就是三星开始赞助奥运会16年、成为奥运会全球合作伙伴7年之后，三星进入全球最有价值品牌榜排名前20位，真正成为全球顶尖品牌。

同时，三星在长期实践中越来越深谙奥运营销之道，甚至可以做到将奥运赞助对市场起到的效果进行精确量化，以便为持续赞助提供依据。三星的奥运评估系统由四项内容构成：第一项是品牌的信赖度；第二项是品牌的喜爱度；第三项是品牌的知名度；第四项是品牌的美誉度。

第九章　休闲体育服务市场概述及经营管理

随着生活水平的提高，休闲体育运动已经成为生活中不可缺少的部分，甚至休闲体育已经成为体育必不可少的功能了。在我们国家，休闲体育对于推动全民健身、促进体育消费、拉动经济增长起着重要作用。所以，促进休闲体育运动项目的发展，加强对休闲体育市场的经营管理，不论是从社会效益还是经济效益的角度来看都很有意义。

第一节　休闲体育服务市场概述

一、休闲娱乐市场的概念

休闲体育已经成为体育非常重要的组成部分了，休闲体育主要是指以身体活动为基础，以休闲体育项目为手段，使人在体育活动的过程中获得愉悦心情的体育形式。

休闲娱乐市场可以被称为大众健身消费市场，也就是经营单位向广大体育爱好者或者消费者提供休闲体育服务产品的企业或者经营单位的集合。目前我们国家的休闲体育项目主要有体育休闲娱乐会所、保龄球、高尔夫、马术等。

二、休闲体育服务市场发展的特点

我们国家目前休闲体育服务市场的发展有以下特点。

（一）形式上多样化

体育休闲项目在组织形式上通常不是一成不变或者千篇一律的，而是各个经营单位根据当地的文化特点、自身的资源条件开展形式多样的活动，一般情况下首先会在项目名称上有所体现。比如，一个简单的健身中心可以叫作某某俱乐部、某某会所，等等。

（二）休闲体育项目丰富

随着科学技术的发展，休闲体育项目越来越多。为了更好地吸引消费者，经营单位会提供多种项目服务，不会是单一的服务，除非是高消费的项目，如马术、高尔夫球等。

（三）休闲体育项目具有广泛的参与性

休闲体育项目不同于专业运动项目或者竞技体育，无论老年人、成年人、青少年等，每个年龄阶段的人群都可以成为项目的消费者，这有利于全民健身的发展以及体育强国的建设。

三、休闲体育服务市场的基本特点

（一）消费者参与形式以集体活动为主

休闲体育项目并不是社会效益的属性，它是经营单位以商品的形式提供给消费者的，再加上项目具有集体性质，所以对于消费者来说一般都是和朋友、家人一起进行消费，这也是休闲体育的初衷。

（二）休闲体育的娱乐性较强

休闲体育项目基本都具有娱乐属性，在娱乐大众的基础上满足健身需求。所以对于消费者来说，最好的形式就是通过娱乐的形式达到健身目的。

（三）市场基数大

休闲体育项目所面对的是全社会的人，对于经营单位来说，这其中存在着巨大的市场容量和美好的发展前景。

（四）产品丰富多样

休闲体育项目没有太多的限制，再加上消费群体巨大，所以需求是多方面的，以不同的需求来说，能够提供的产品包含了健身健美、娱乐消遣、康复保健等。在消费的水平上面也会有不同的需求，如高端消费、低端消费、平民消费等定价形式，其最终目的就是满足所有人。

四、休闲体育服务的市场要素

（一）人力要素

和所有市场运营项目一样，休闲体育服务同样需要消费者、经营者投资方等，以满足整个产、供、销产业链。

（二）产品要素

休闲体育在活动形式上不拘一格，形式多样，但是经营单位毕竟是以商品的形式提供给消费者的，所以结果还是市场交换的形式，但是，经营单位提供的产品除了实物产品，如器材、服装等之外，很大一部分是无形的产品，以服务为主，这也是休闲体育服务的重要特点。

五、休闲体育服务市场的购买能力以及营销手段

随着经济全球化的发展，再加上我们国家已经实现全面脱贫，所以生活水平提高了，人们的购买力也就增强了。休闲体育服务的经营单位在向消费者提供产品和服务的过程中，也不能被动等待，需要采取更多的营销手段和营销策略将自己的产品推向市场。

第二节　休闲体育服务的经营管理

一、休闲体育服务经营的基本要求

（一）兼顾经济效益与社会效益的原则

体育最本质的功能就是满足社会效益，我国要全面推行全民健身，实现体育强国的伟大中国梦，休闲体育服务起着举足轻重的作用。休闲体育服务的发展需要发挥社会功能和经济效益的双重功能。所以，在全面发展休闲体育的同时，需要兼顾社会效益和经济效益相结合的原则。在休闲体育服务的各项经营活动中，经营单位应该以相关体育设施为依托，根据当地资源积极开发新的体育资源，为广大消费者提供形式更多样的服务项目与健身产品，为全面建设体育强国做出自己的贡献。

（二）寻找并分析休闲体育服务市场的基本规律

我国自改革开放以来，全面建设社会主义市场经济，由于体制的转变再加上各种历史原因，我们国家社会经济发展不平衡。休闲体育服务在市场上作为一个新兴的、时尚的产业，需要经营管理者积极地探索休闲体育服务市场的发展规律和趋势，以便在激烈的市场竞争中获取良好的经济效益。

（三）注重经营特色和市场营销策略

市场经济是自由的，也是残酷的，任何一个经营单位都不可能在市场中始

终独大，哪怕市场容量再大，休闲体育服务市场也是如此。经营单位要想在激烈的市场竞争中站稳脚，就必须明确自己的目标市场，突出自身的经营特色。

当然，经营单位除了需要有自己的特色项目之外，还需要有强大的经营管理团队，认真研究分析市场，制定适合自身发展的营销策略，以获得经济效益的最大化。

二、休闲体育服务经营的主要内容

休闲体育服务是伴随着经济发展和生活水平提高形成的一种新型的产业，目前在我们国家的发展正处于高涨时期。相关资料显示，体育休闲服务项目主要涉及马术、高尔夫球、保龄球等。

（一）马术俱乐部

马在历史上与人类有着非常亲密的关系，是人类的运输和交通工具。马在欧洲是贵族的象征，骑马对欧洲人而言是一种艺术。马术比赛需要骑师和马匹配合默契，考验马匹技巧、速度、耐力和跨越障碍的能力。

1734 年，美国弗吉尼亚成立查尔列斯顿马术俱乐部，这是世界最早的马术俱乐部。

马术是一项绅士运动，这项运动在人与马的完美配合中传递出儒雅的绅士气派和高贵气质。进入比赛场地后，观众要将手机关闭或设置振动状态，如有事，可用短信交流，或当比赛告一段落时，走出现场接打电话，同时要遵守不允许带相机入场、不允许使用闪光灯的规定。凡是运动员有仰视动作、需高度集中注意力等比赛项目，都不得使用闪光灯。

（二）高尔夫球场

高尔夫球运动是一项对场地、对技术、对经济要求比较高的项目，一片高尔夫球场的占地面积不能小于六十公顷，还需要有很好的绿化。所以，高尔夫球场一般不会在市区，基本都在郊外，这也符合户外休闲体育的要求和特点。城市中高尔夫场地一般都是练习场地，面积不会太大，但是也能满足部分消费者的需求。高尔夫球运动是运动创伤最少的项目，由于选手之间没有身体接触，更不会出现类似足球比赛中故意拉人、绊人、伤人等动作，因而打高尔夫球除了场地原因可能引起脚部扭伤外，几乎没有造成运动创伤的外界因素。

高尔夫球运动是一项植根于大自然的户外运动，但它与众多户外运动不同，它的场地最大。高尔夫球运动不像足球、网球等项目那样，在室外任何地点（包括在楼宇林立的大都会之间）均可划定场地，高尔夫球运动的场地本身就是大自然，或者说是经过了修整的大自然。

（三）保龄球馆

保龄球，又称地滚球，是由持球者使球沿着球道，朝终端排成正三角形的十个球瓶前进，目标是要击倒所有球瓶的运动。由于是室内活动，其不受时间、气候等外界条件的影响，不受年龄的限制，易学易打，是一项男女老少皆宜的体育运动。该运动于20世纪80年代传入我国，目前为止开展得比较普及，也是休闲体育项目中较常见的一种。保龄球运动娱乐性很强，运动量不是很大，也不激烈，适合大部分人参与。

国内外"体育＋休闲小镇"典型案例分析

1. 北京丰台足球小镇

基本情况：足球小镇占地2200亩，建设50片五人制足球场、10片七人制足球场和5片十一人制足球场，足球小镇将囊括足球大厦、足球会议中心、足球风情街、足球博物馆、足球嘉年华、足球狂欢广场、足球奥特莱斯、北京第一座专业足球场等设施。

发展特色：小镇将着重发展足球产业，在建设中引入竞技体育和群众体育高度结合的智能场地技术，引入同步数据分析系统，开发专门的App，实现网上定场地、约赛，打造京城最大的足球社区，最终建成融合足球竞技、足球文化、足球科技等概念和要素，城市发展和足球发展对接的创新发展平台，形成足球产业集群和足球产业链，打造中国第一个将城市发展和足球发展对接的创新发展平台。

借鉴意义：突出优势体育赛事，形成足球产业聚群和产业生态链。

2. 德清莫干山"裸心"体育小镇

基本情况：位于浙江德清莫干山，目前德清本地有体育产业企业70多家，均以体育健身休闲、场馆服务及体育用品的销售和制造为主，实现体育产业销售收入过百亿元，体育产业集群效应明显。

发展特色：小镇以打造"裸心"体育为主题，规划"一心一带两翼多区"，全力打造体育特色小镇。将体育、健康、文化、旅游等有机结合，以探索运动、户外休闲、骑行文化等为特色，带动生产、生活、生态融合发展。建设部分重点项目：（1）Discovery探索极限基地；（2）久祺国际骑行营；（3）莫干山山地车速降赛道；（4）"象月湖"户外休闲体验基地。

借鉴意义：依靠体育产业传统优势，活化"体育＋旅游"产品。体育小镇长期将打造辐射长三角地区的户外休闲运动品牌，将体育产业、文化、旅游三元素有机结合，打造成为具有山水特色的"户外运动赛事集散地、山地训练理想地、体育文化展示地、体育用品研发地、旅游休闲必经地和富裕民众宜居地"。

3. 绍兴柯桥酷玩小镇

基本情况：坐落在绍兴市柯桥区柯岩街道，小镇建设面积 3.7 平方千米，总投资 110 个亿，核心项目东方山水乐园投资 80 亿，计划打造"旅游小镇、运动小镇、产业小镇"。小镇区域内有国家 AAAA 级风景区柯岩风景区、乔波滑雪馆、鉴湖高尔夫球场等旅游休闲资源，还有在建和在规划中的天马赛车场、若航直升机场、毅腾足球训练基地、酷玩城市体育综合体、鉴湖水上运动基地等项目。

发展特色：小镇聚焦在体育设施方面，柯岩"酷玩小镇"包括八大体育休闲类项目，乔波滑雪馆、若航直升机场、天马赛车场，另外还将新建环鉴湖慢行道、鉴湖码头、酷玩乐园、综合体育场等，可满足大众康体休闲和专业高端运动的需要。

借鉴意义："政府＋企业"合作，打造体育旅游新概念。柯岩街道建设"酷玩小镇"已具备山水环境、产业基础等先天优势，经过政府、企业之间的接洽形成小镇蓝图。打造一个涵盖低中高端游乐特色，融合基础服务、休闲旅游、运动体验于一体的特色小镇，为柯桥和绍兴带来经济、社会和生态多重效益。

4. 平湖九龙山航空运动小镇

基本情况：位于平湖乍浦古城东首、杭州湾出口处、乍浦港东侧，平湖市九龙山省级旅游度假区内。小镇规划面积 3.45 平方千米，建设面积 1586 亩，由浙江九龙山开发有限公司开发建设。小镇 3 年计划总投资 57.8 亿元。

发展特色：小镇建设航空运动体验园、赛马马球赛车运动体验园、星海湾国际安养基地、海角城堡养老养生基地、九龙山阿平汉国际学校等一批支撑项目。坚持创新国内健康运动产业发展模式，构建以健康运动为龙头、健康养生为主导、联动发展健康旅游、培育发展体育和禅修文化的综合产业体系。

借鉴意义："体育运动＋养生养老"特色旅游度假区开发模式。以运动健康为主题，并通过举办马球、赛马、高尔夫球、帆船等国内外大型赛事以及论坛峰会，拥有较高知名度。入围省级特色小镇创建名单后，九龙山的运动产业转型为消费群体更广的大众化健康休闲运动项目，比如依山建设山地自行车赛道等。同时，还提出了健康养老的概念，九龙湾将建设多个养老基地。

5. 银湖智慧体育产业基地

基本情况：位于浙江富阳银湖新区，规划面积 3 平方公里，建设面积 1 平方公里，项目一期用地约 300 亩。项目总投资逾 50 亿元，其中基础设施投入

30 亿元，产业投资 20 亿元，涵盖智慧体育相关领域的总部经济业态、旅游休闲娱乐业态、产学研综合业态，建成投运后预计年产值 300 亿元。

发展特色：聚焦各种室内外新型智慧体育健身娱乐活动，游客可以体验比如打 3D 高尔夫、玩 3D 马球等各种 VR/AR 体育体验项目，突出智慧体育产业特色。

借鉴意义：智慧产业＋体育产业，集中于新城区建设，实现智慧体育新区发展。

参考文献

[1] 刘青. 体育场馆的经营与管理 [M]. 北京：人民体育出版社，2012.

[2] 李万来. 体育经营管理概论 [M]. 北京：人民体育出版社，2006.

[3] 周西宽. 体育基本理论 [M]. 北京：人民体育出版社，2007.

[4] 杨远波. 体育场馆经营导论 [M]. 成都：西南财经大学出版社，2006.

[5] 鲍明晓. 体育产业：新的经济增长点 [M]. 北京：人民体育出版社，2000.

[6] 赵立，杨铁黎. 中国体育产业导论 [M]. 北京：北京体育大学出版社，2001.

[7] 李宗诚. 节事活动与城市形象传播 [J]. 当代传播，2007（4）：31-33.

[8] 吴强. 运用现代营销策略对高校体育场馆经营管理的分析 [J]. 浙江体育科学，2010（4）：10-12.

[9] 符婷婷. 体育产业经营管理的改革与创新策略探究 [J]. 当代体育科技，2020（22）：193-203.

[10] 王凯. 体育产业高质量发展的人才需求与高校"产业、专业、创业"融合培养路径研究 [J]. 南京体育学院学报，2020（6）：1-10.

[11] 王闻萱. 足球职业俱乐部经营管理模式探析 [J]. 中国管理信息化，2020（10）：132-133.

[12] 蔺文斌. 体育产业经营管理人才培养模式的构建 [J]. 产业与科技论坛，2020（6）：221-222.

[13] 刘军杰. 体育产业对经营管理人才的需求与对策研究 [J]. 经济师，2020（3）：248-249.

[14] 何涓. 简述公共体育场馆经营管理模式的创新 [J]. 中外企业家，2020（3）：69.

[15] 董杰，刘新立. 体育赛事的风险管理研究 [J]. 武汉体育学院学报，2007（5）：28-32.

[16] 宗争. 论游戏 - 体育叙述学的理论基础 [J]. 河南师范大学学报（哲学社会科学版），2014（5）：130-134.

[17] 蔡嘉欣. 基于 DEA 和 Malmquist 法的上海市体育竞赛表演企业经营效率研究 [D]. 上海：上海体育学院，2020.